MÉMOIRE

POUR M. le Maréchal DUC DE RICHELIEU, Pair de France.

CONTRE le sieur JOSEPH IMPERIALI LESCARO, SE DISANT *Député du Magistrat des Conservateurs de la Marine à Gênes, & autorisé, par décret du Sénat, à faire le recouvrement des effets de la succession de feu* Antoine-Marie Tegaldo, Négociant Génois.

EN présence de la Dame veuve FRANCHY, *Intervenante.*

JAMAIS affaire ne fut moins susceptible de l'attention du Public, puisqu'elle n'a pour objet que l'examen d'un compte demandé par M. le Maréchal de Richelieu depuis vingt ans, déjà improuvé par un Arrêt du premier Août 1769, rendu au rapport de M. l'Abbé Terray, & qui, reparoissant aujourd'hui sous la même forme & infecté des mêmes vices, ne peut manquer d'être proſcrit définitivement. Cependant un Agent ſecret, qui ſe couvre du nom de Leſcaro, a cru pouvoir profiter de l'occaſion d'un procès auſſi ſimple, pour publier ſous un titre, qui ne devroit annoncer qu'un ouvrage deſtiné à éclairer la Juſtice, un libelle où l'on s'eſt livré à la licence la plus inexcuſable. M. le Maréchal abandonnera l'ouvrage au mépris qu'il mérite, & à la rigueur des Magiſtrats qui ſentent certainement combien il eſt néceſſaire de réprimer de pareils abus, & de ſeconder les vœux d'un Ordre qui gémit depuis long-tems ſur des excès devenus trop communs.

Un Arrêt interlocutoire a déjà jugé que le billet, qui fait l'objet de la conteſtation actuelle, n'avoit pas pu être négocié par Tegaldo, parce qu'il l'avoit lui-même compris dans un compte dont la Cour s'eſt réſervé de juger le mérite après qu'il auroit été préſenté & affirmé, & que M. le Maréchal de Richelieu l'auroit débattu.

Dans une pareille poſition, il ne peut donc être queſtion que de ſavoir ſi le compte préſenté eſt ſuffiſamment juſtifié, & d'apprécier les débats qui y ſont oppoſés.

C'eſt auſſi à ce ſeul point que M. le Maréchal réduira ſa défenſe, en livrant au mépris les menſonges groſſiers & les commentaires inſidieux que ſes Adverſaires ſe ſont permis : artifices odieux, par leſquels on s'eſt flatté vainement d'attirer la faveur publique ſur une Cauſe qui ne doit ſon origine qu'à la mauvaiſe foi la plus caractériſée.

F A I T.

On ſait que M. le Maréchal de Richelieu commandoit en 1747 & 1748 l'armée combinée de France & d'Eſpagne pour défendre la République de Gênes. Les troupes de l'Impératrice & celles du Roi de Sardaigne, plus fortes du double, occupoient tous les paſſages par où les ſubſiſtances pouvoient arriver, & les Anglois étoient maîtres de la mer, qui étoit la ſeule voie par où l'on pût s'en procurer. L'expérience avoit appris qu'une eſpece de bâtimens appellé *chebecs*, qui ne ſont employés que dans la Méditerranée, pouvoient paſſer à travers les flottes Angloiſes, & en prenant bien ſon tems, arriver malgré eux par la vîteſſe de leur marche. Le ſuccès s'en réitera ſouvent pour le tranſport des ſubſiſtances & même des troupes. Il y en eut un exemple mémorable pour le Régiment de Périgord commandé par M. le Marquis de Molar. Deux chebecs, qui s'étoient chargés de le tranſporter, arriverent en plein jour, quoique pourſuivis par toute la flotte Angloiſe, qui fit inutilement tous ſes efforts pour les atteindre, ou du moins pour les couper. Toute la ville de Gênes accourut avec les troupes Françoiſes ſur les remparts jouir du ſpectacle de voir ces deux bâtimens entrer dans le port après avoir été canonnés & ſuivis par les Anglois juſques dans la rade. M. le Maréchal de Richelieu, avec l'approbation de la Cour, fit augmenter le nombre de ces bâtimens d'une utilité ſi reconnue.

Le ſieur Tegaldo étoit Directeur de la Marine de Gênes, dans le port de la ville, ſous l'autorité des Commiſſaires de la République chargés de ce détail. Mais M. le Maréchal de Richelieu, qui joignoit à la qualité de Miniſtre plénipotentiaire du Roi de France celle de Général des troupes de terre & de mer, ayant à ce double titre la direction des 400000 liv. que le Roi donnoit par mois à la République pour ſes fortifications & l'entretien de ſes forces de terre & de mer, avoit toute autorité pour décider des opérations en tout genre. La République avoit député auprès de ſa perſonne trois nobles Génois, MM. Grimaldi, Ranconi & Carlo, avec leſquels il devoit déterminer tout ce qui devoit ſe faire. Un zele conſtant & éclairé de la part de ces Commiſſaires a fait régner entr'eux & M. le Maréchal un concert parfait. On ſent combien les ſubalternes pouvoient coopérer à entretenir cette harmonie, ou la troubler, d'autant plus qu'il y avoit à tous momens des partis à prendre ſans pouvoir attendre la lenteur des délibérations du Sénat. C'eſt dans cette ſuite de détails de la Marine du port de Gênes que M. le Maréchal eut occaſion de connoître Tegaldo. Il entroit réguliérement tous les jours dans ſa chambre à ſon réveil, & lui rendoit compte de tout ce qui s'étoit paſſé pendant la nuit, de l'état où étoient le tems, les vents, & des diverſes nouvelles qui étoient arrivées, ſur quoi il recevoit ſes ordres pour ce qu'il y avoit à faire très-ſouvent ſans le moindre retardement. Tegaldo étoit néanmoins obligé de rendre compte à ſes Supérieurs ; & malgré la confiance établie entr'eux & M. le Maréchal, il eſt aiſé de ſentir qu'un inférieur dans la place de Tegaldo auroit aiſément pu ſuſciter quelques tracaſſeries. Il ſe comporta au contraire avec une intelligence qui ſéduiſit M. le Maréchal ; il lui donna toute ſa confiance, & le prit dans la plus grande amitié.

Dès qu'on eut des nouvelles de la paix, & qu'après quelques combats les ennemis eurent enfin conſenti à un armiſtice pour régler les limites, les chebecs, dont on a parlé ci-deſſus, devinrent inutiles. Tegaldo propoſa à M. le Maréchal d'en demander deux au Roi, « parce que, dit-il, les Canaries ſont » dépourvues de tout, & qu'avec ces deux chebecs » que je chargerai des marchandiſes dont je ſais que » ces iſles ont beſoin, j'y arriverai des premiers. Je » prendrai, en retour, de leurs denrées dont elles re» gorgent, dont j'aurai un débit ſûr, & il y aura un » profit immenſe ». M. le Maréchal fit la demande des deux chebecs au Roi, qui les lui accorda ſur le champ. Tegaldo, qui avoit pendant ce tems pris ſes arrangemens à l'avance, pria M. le Maréchal de vouloir bien être de part dans ſa ſpéculation de commerce pour l'accréditer davantage. M. le Maréchal y acquieſça.

Tegaldo ſpécula à quoi pourroit monter la portion de bénéfice qu'il eſpéroit de ſon expédition, pour la moitié qu'il en cédoit à M. le Maréchal, en raiſon de ſa miſe des deux chebecs, dont M. le Maréchal lui abandonna un quart en propriété. Il lui avança une ſomme de 35000 liv. dont il lui fit cependant faire ſon billet le 7 Août 1748. Ce billet paroît à la vérité payable au mois de Décembre ſuivant. Mais comme Tegaldo dès ce moment diſpoſa des deux chebecs, les chargea de marchandiſes, les fit partir le 29 Septembre ſuivant, pour aller prendre le ſurplus de ſes expéditions à Marſeille, & faire enſuite ſon voyage aux Canaries, il eſt évident que, quoique l'acte de ſociété ſoit poſtérieur de trois mois, n'ayant été rédigé qu'au mois de Novembre ſuivant, il ſe reporte à l'époque du billet ſouſcrit au mois d'Août par M. le Maréchal, & que ſi ce billet faiſoit la sûreté de Tegaldo pour ſon avance, le paiement en étoit en même-tems hypothétique & ſubordonné à l'événement de l'expédition du chebec, & à l'apurement du compte que Tegaldo en devoit rendre à M. le Maréchal. En effet, puiſque les bâtimens appartenoient à M. le Maréchal, au moyen du don que le Roi lui en avoit fait, comment Tegaldo auroit-il pu les charger de ſes marchandiſes, & les expédier pour les Canaries, ſi la ſociété n'eût été contractée dès ce moment par une convention verbale, la même qui fut rédigée par écri tle 7 Novembre ſuivant ? Tout s'eſt donc fait dès-lors pour le compte de la ſociété, dans laquelle la miſe de M. le Maréchal conſiſtoit dans le quart des deux chebecs, de leurs agrès & apparaux qu'il avoit abandonnés à Tegaldo, & dans les trois quarts de ces mêmes objets, dont s'étant réſervé la propriété, il abandonna l'uſage au profit de la ſociété. Il eſt donc faux que Tegaldo ait fait à M. le

Maréchal l'avance de ces 35000 livres, pour suppléer au refus des Banquiers de la Cour. Cette assertion, présentée de la maniere la plus indécente, dans le Mémoire distribué sous le nom du sieur Imperiali Lescaro, est dénuée de vraisemblance autant que de vérité. Le Trésorier de l'Armée étoit aux ordres de M. le Maréchal de Richelieu, comme tout le reste. Il n'avoit point d'Intendant d'Armée, & il faisoit faire tout le détail par les Commissaires des Guerres sous son autorité. Tant d'affaires importantes confiées à ses soins; le voisinage de l'ennemi, tel qu'il ne se passoit presque point de jour sans quelque combat, & que le danger étoit toujours imminent, laissoient, comme il est aisé de le sentir, peu de tems à M. le Maréchal pour penser à ses affaires particulieres, pour lesquelles le Trésorier de l'Armée lui fournissoit tout l'argent qu'il faisoit venir de France, outre ses appointemens. Quand il quitta Gênes, le Trésorier se trouva en avance vis-à-vis de lui d'une somme de cent & quelques mille livres, dont ce Trésorier étoit comptable à M. de Pange, Trésorier de l'extraordinaire des Guerres, lequel lui donna même toute facilité pour le remboursement. Dans la position où étoit M. le Maréchal, il se fût procuré chez le Trésorier de l'Armée des avances beaucoup plus considérables, s'il en avoit eu besoin. M. de Pange existe, & peut attester ces vérités. Ainsi on peut voir le peu d'apparence que M. le Maréchal ait eu besoin de s'adresser à Tegaldo pour se procurer des ressources. Tegaldo s'est donné de garde de hasarder une pareille fausseté. Dans les défenses qu'il a fournies de son vivant au procès, il a prétendu que les sommes par lui avancées, & qui formoient celle de 35000 liv. argent de France, avoient été délivrées par les ordres de M. le Maréchal au sieur Falconnet, premier Commissaire des Guerres pour les dépenses de la guerre. C'étoit donc au contraire une dette de l'Etat que M. le Maréchal prit alors sur son compte. Est-il possible après cela de s'en laisser imposer par le ton impudent d'assurance avec lequel le sieur Bolgiano & ses Ecrivains débitent leurs mensonges ? On doit les apprécier par l'impudence qu'ils ont d'oser juger du mérite d'un Général d'Armée, & de celui de ses opérations militaires, sur lesquelles l'opinion publique a été fixée par la reconnoissance de la République de Gênes & la dignité de Maréchal de France dont le Roi couronna sa conduite.

Tout étant pacifié à Gênes, M. le Maréchal se proposoit de faire un petit voyage à Rome. Mais comme il s'apprêtoit à partir, il s'éleva une affaire en Corse, & une autre en même tems en Sardaigne où il avoit formé des intelligences. Le Roi lui ordonna de ne point quitter Gênes, que ses affaires ne fussent terminées ; ce qui n'eut lieu que dans le tems où il fut obligé de revenir en France, tenir les Etats de Languedoc, d'où il passa tout de suite à son année de service auprès du Roi.

Ce ne fut qu'au moment de son départ pour revenir en France, au mois de Novembre 1748, que Tegaldo lui fit signer l'écrit double, dans lequel il avoit enfin

enfin rédigé les clauſes de la ſociété qui s'étoit contractée de fait dès le mois d'Août précédent. Elles ſont conçues en ces termes :

« On déclare & certifie, en vertu de la préſente, » que le capital de 132,000 liv. monnoie de Gênes » hors de Banque environ expoſé par M. Antoine » Me Tegaldo du feu Barthelemy pour l'emploi des » marchandiſes *déja chargées ſur le chebec le Duc de* » *Richelieu*, commandé par le Capitaine Cervo de » Marſeille, *qui eſt parti du préſent port le 29 Sep-* » *tembre dernier vers ladite ville de Marſeille, afin de* » *prendre ſes expéditions, & après pourſuivre ſon* » *voyage aux Canaries*, déduits 58000 liv. apparte- » nant audit Capitaine Cervo, au Subrécargue & » autres perſonnes, le reſte dudit capital montant à » la ſomme de 74000 liv. environ, appartient audit » Me Tegaldo, & à lui ſeul devoir être reſtitué.

» *Et à l'égard des profit deſdits* 74000 *liv.*, déduites » toutes les dépenſes cauſées & prix d'aſſurance, & » autres choſes, & auſſi des dommages qui puiſſent » réſulter, ce que Dieu ne veuille pas, *on déclare* » *participer pour une moitié Monſeigneur le Duc de* » *Richelieu, & pour l'autre moitié ledit ſieur Tegaldo,* » *lequel a promis & s'oblige de lui rendre un fidel compte* » *de toutes choſes.*

» *On déclare encore que ledit chebec avec tous ſes uſten-* » *ſiles armement & apparats pour trois des quatre parties* » *appartient audit M. le Duc, en ayant débourſé le prix* » *de ſes propres deniers, & l'autre quatrieme partie du* » *même chebec, avec le crédit de toutes les dépenſes faites*

» *pour l'expédition & fourniment du présent voyage,* » *appartient audit Mᵉ Tegaldo*, auquel les dépenses devront être abonnées pour trois des quatre parties » par ledit Monseigneur le Duc, *auquel ledit Tegaldo* » *sera obligé de rendre compte des profits qui résulteront* „ *desdites troisiemes parties des nolis que fera ledit bâti-* „ *ment dans le présent voyage.*

» On déclare derniérement, *que ledit Monseigneur* „ *le Duc participe pour trois des quatre parties sur le* „ *nouveau chebec qui est dans le présent port*, en ayant » déboursé le prix de son propre argent, & que *la* „ *quatrieme partie du même bâtiment appartient audit* „ *sieur Tegaldo, en ayant déboursé le prix de son propre* „ *argent....* Fait à Gênes, ce 7 Novembre 1748.

Ce traité, qui explique clairement les conditions de l'association dont il s'agit, répand aussi beaucoup de lumiere sur l'origine & les motifs du billet de 35000 livres souscrit par M. le Maréchal.

En effet, il est évident que Tegaldo n'a pu disposer du chebec, le faire charger de marchandises, & le faire sortir du port de Gênes le 29 Septembre, pour aller à Marseille, & de-là aux Canaries, que de l'agrément de M. le Maréchal de Richelieu, & en conséquence du projet d'association qui a été exécuté dans la suite; ces faits supposent nécessairement que ce projet étoit bien antérieur au départ du bâtiment, dont l'appareil & le chargement ont exigé plusieurs semaines.

L'avance des 35000 liv. n'a donc pu être qu'une suite de ce plan de société déja formée au moins verbalement ; si la somme a été stipulée payable au 21 Décembre , ce n'a pu être que parce que Tegaldo a fait entendre à M. le Maréchal que l'expédition seroit finie à cette époque , & que cet objet entreroit dans le compte de société ; on verra bientôt que c'est ainsi que Tegaldo s'est jugé lui-même.

M. le Maréchal s'en étoit rapporté avec la plus grande confiance à Tegaldo, pour sa société de commerce dont on croit bien qu'il n'étoit pas fort occupé. A-peu-près au bout d'un an, ayant reçu une lettre de Tegaldo pour des explications qu'il demandoit sur des détails de restes d'affaires qu'il avoit à régler avec les Commissaires des Guerres, M. le Maréchal, par un *post-scriptum*, lui demanda des nouvelles de leur société. Tegaldo lui répondit qu'il n'étoit pas en état de lui en rendre compte.

Cependant la nouvelle du retour du vaisseau à Gênes étant parvenue depuis long-tems à M. le Maréchal, il lui récrivit, & lui demanda un compte général. Tegaldo s'excusa sur de nouveaux prétextes. Si on l'en croit, le peu de succès de cette expédition fut le seul motif du refus qu'il faisoit de rendre compte, ce fut pour ménager à M. le Maréchal le désagrément de se voir constituer débiteur, que son Associé, par un excès de délicatesse, négligea de se mettre alors en regle, & de lui présenter le compte de la société.

Mais à qui prétend-il en imposer par une excuse aussi puérile ? S'il a refusé alors de présenter le compte qui lui étoit démandé, ce n'a été & ce n'a pu être que parce qu'il ne pouvoit ſe diſſimuler à lui-même que loin de pouvoir répéter contre M. de Richelieu les 35,000 livres portées au billet, il ſe trouveroit encore ſon débiteur.

M. le Maréchal de Richelieu chargea M. de Chauvelin, qui lui avoit ſuccédé dans le commandement à Gènes, de lui donner des nouvelles de cet armement, & de démeler les raiſons pour leſquelles Tegaldo ſe refuſoit à toute explication. M. de Chauvelin n'ayant pu rien obnenir pendant le tems de ſon commandement, chargea ſon ſucceſſeur de cette pourſuite. Le nouvel Envoyé ne fut pas plus heureux: les voyages que M. le Maréchal étoit obligé de faire en Languedoc & ailleurs, ne lui permettoient point de ſuivre cette affaire avec l'activité qu'il auroit peut-être dû y mettre. Les refus réitérés que faiſoit Tegaldo de rendre ſon compte, commencerent à faire ſoupçonnet ſa bonne-foi. Mais M. le Maréchal étoit bien éloigné d'imaginer qu'il fût capable d'une friponnerie auſſi caractériſée que celle qu'il méditoit, il croyoit n'avoir à craindre que d'être trompé ſur le plus ou moins de bénéfice, objet dont il s'inquiétoit peu.

Lorſque M. le Maréchal s'étoit livré au projet de ſociété que lui avoit propoſé Tegaldo, il ne voyoit rien qui pût le conduire à ſoupçonner ſa bonne-foi, ou ſon inſolvabilité. La place que Tegaldo occupoit ſembloit lui donner des facilités pour faire un commerce avantageux; M. le Maréchal en avoit jugé ainſi : il croyoit n'avoir aucuns riſques à courir en traitant avec lui ; mais les apparences l'avoient trompé ; des entreprises trop considérables faites sans succès, avoient dérangé sa fortune : il méditoit une banqueroute.

Ce fut dans cette circonstance, & au bout de douze ans, que Tegaldo dressa enfin une espece de bordereau absolument informe, & qu'il le fit présenter à M. le Maréchal de Richelieu, sans l'accompagner d'aucunes pieces justificatives. Il étoit à peu près semblable à celui qu'il a produit plusieurs années après dans l'Instance sur laquelle est intervenu l'Arrêt interlocutioire, & l'on y remarquoit cette circonstance importante ; que Tegaldo *y portoit en dépense les 35000 livr. dont M. le Maréchal de Richelieu avoit donné son billet*, reconnoissant par là que cet objet dépendoit du compte de société.

Ce prétendu compte ou bordereau étoit inadmissible ; les Conseils de M. le Maréchal en jugerent ainsi ; ils demanderent des éclaircissemens, & la représentation des pieces par lesquelles il est d'usage, dans toutes les Nations policées, de justifier un compte. Mais Tegaldo étoit trop intéressé à laisser toutes ses opérations dans l'obscurité, il se refusa à tout. Ce ne sont point ici des allégations, le procès en fournit la preuve, & dément toutes les assertions contraires qui tiennent néanmoins beaucoup de place dans le Mémoire distribué sous le nom du sieur Lescaro.

Cependant Tegaldo, qui refusoit avec tant d'opiniâtreté de remplir ses engagemens, annonça à M. le Maréchal de Richelieu qu'il prétendoit être payé des

35000 liv. qu'il lui avoit fournies. La réponſe fut que ſon billet dépendoit du compte, & que, tant qu'il ne ſeroit point rendu dans une forme convenable, il étoit incertain s'il étoit débiteur ou créancier.

Tegaldo exécutoit alors le projet de banqueroute frauduleuſe qu'il avoit conçu long-tems avant, & qui l'a expoſé aux recherches & aux pourſuites des Magiſtrats de la République. Il auroit voulu ſe procurer le paiement des 35000 livres, en ne rendant point de compte, & mettre cette ſomme à couvert en ſe ſervant du nom d'une perſonne affidée.

Dans cette vue, & comme ſi le billet ſouſcrit par M. le Maréchal de Richelieu eût été négociable, il en paſſa l'ordre au ſieur Franchi, ſon prête-nom, le 12 Février 1761. Il n'oſa pas cependant faire auſſitôt des pourſuites ſous ſon nom; mais au mois de Décembre 1763, il s'y détermina, & M. le Maréchal de Richelieu fut fort ſurpris de ſe voir aſſigné au Châtelet en paiement des 35000 livres, & d'apprendre que Franchy avoit obtenu une Ordonnance en vertu de laquelle il avoit fait un grand nombre de ſaiſies entre les mains de ſes Fermiers.

Il en interjetta promptement appel, & obtint la main-levée proviſoire, par Arrêt ſur appointement à mettre.

Le fond des conteſtations qui étoit reſté au Châtelet fut évoqué dans la ſuite par des Arrêts contradictoires. M. le Maréchal de Richelieu, avant de diriger aucune demande contre Tegaldo, s'aſſura des ſuffrages des plus fameux Négocians de l'Europe ſur les deux questions que présentoit cette affaire. La premiere, de savoir si le bordereau ou compte que Tegaldo lui avoit présenté en 1761 pouvoit être regardé comme un compte régulier & suffisant; la seconde, si l'on avoit pu détacher le billet de 35000 livres du compte dans lequel il avoit été porté en dépense, pour en poursuivre le paiement par des voies obliques.

Trois pareres souscrits par un grand nombre de Négocians de Venise, de Livourne & de Cadix, des 25 Juillet, 5 Août & 7 Septembre 1763, ayant décidé les deux questions en faveur de M. le Maréchal de Richelieu, il se détermina à dénoncer à Tegaldo la demande du sieur Franchy, & il prit contre lui deux chefs de conclusions. Le premier, à ce qu'il fût condamné à l'acquitter & garantir des poursuites du sieur Franchy; le second à ce qu'il fût tenu de rendre un compte plus régulier, de l'affirmer & d'en communiquer les pieces justificatives, sinon qu'il fût condamné à lui payer une somme de 150,000 livres, conformément aux Loix maritimes de Gènes.

Tegaldo qui étoit en banqueroute ouverte, & qui (si l'on en croit le sieur Lescaro), étoit dépouillé de l'administration de son patrimoine dès 1766 par le Magistrat-Conservateur de la Marine de Gènes, a cependant comparu lui-même, & a défendu avec beaucoup d'opiniâtreté à la demande de M. le Maréchal de Richelieu.

Il s'est formé une Instance considérable. M. le Maréchal de Richelieu a soutenu, vis-à-vis du sieur

Franchy, que ſon billet n'étoit point négociable, parce que d'un côté, il n'étoit point un effet de commerce tranſmiſſible par la voie de l'ordre; d'un autre, parce que ce billet n'étoit point exigible, mais dépendant de l'événement du compte dû par Tegaldo, lequel étoit d'autant plus repréhenſible de l'avoir tranſmis au ſieur Franchy, qu'il l'avoit compris lui-même dans le bordereau de 1761. Comme cette ſeconde raiſon étoit déciſive, M. le Maréchal s'y eſt renfermé dans la ſuite, & il n'a plus inſiſté ſur la premiere dont l'examen devenoit en effet ſurabondant.

A l'égard du ſieur Tegaldo, M. le Maréchal a inſiſté ſur la néceſſité de lui faire rendre un compte régulier & appuyé des pieces juſtificatives.

Tegaldo n'a pu ſe diſpenſer de reconnoître que le billet de 35,000 livres étoit inſéparable du compte; mais, par une bizarrerie inconcevable, il a ſoutenu d'un côté qu'il ne pouvoit être traduit que dans les Tribunaux de Gênes pour rendre ſon compte, & d'un autre, il a néanmoins produit* un compte peu différent de celui qu'il avoit préſenté en 1761, & il l'a accompagné d'un autre compte ou état du Capitaine Chigliano, qu'il a préſenté pour toute piece juſtificative de ſon propre compte. Il eſt eſſentiel de remarquer le principal motif que Tegaldo donnoit alors au refus qu'il faiſoit de rendre un compte en regle en la Cour; c'étoit, dit-il, parce qu'il *falloit qu'un pareil compte fût appuyé des pieces originales, dont ſes regiſtres formoient la plus grande partie*, & qu'un Négociant ne devoit point être obligé de les expoſer au péril de la mer.

* Requête de Production nouvelle du 6 Juillet 1769.

Tegaldo

Tegaldo reconnoiſſoit donc alors qu'il avoit des *pieces originales* autres que celles produites ; qu'il avoit *des regiſtres* qui devoient ſervir à juſtifier en partie ſon compte.

Au ſurplus, le compte, tel qu'il l'a produit, a été diſcuté par M. le Maréchal de Richelieu, qui en a démontré l'inſuffiſance & l'irrégularité.

Depuis Tegaldo a ceſſé d'inſiſter ſur ſon renvoi à Gènes, & il a reconnu, à la veille du Jugement, que la demande en reddition de compte étoit la défenſe naturelle & l'action en paiement du billet.

En cet état il eſt intervenu le premier Août 1769 un Arrêt « qui a donné acte à Tegaldo des offres por- » tées en ſa Requête du 29 Juillet ; en conſéquence » a ordonné que dans quinzaine Tegaldo ſeroit » tenu de *préſenter* & affirmer ſon compte pardevant » M. Formé, même en tems de vacations, en pré- » ſence de M. le Maréchal de Richelieu, qui ſeroit » tenu de le débattre dans trois mois, ſinon ſeroit fait » droit ».

Cet Arrêt a été ſignifié le 6 Octobre 1769 par le miniſtere du Procureur de la veuve Franchy qui avoit auſſi occupé pendant tout le cours de l'Inſtance pour Tegaldo, mais ſous un autre nom.

Dès le lendemain, ce même Procureur a dénoncé le décès de Tegaldo. Quatre jours après le ſieur Leſcaro, dont on ignoroit les qualités & qui n'avoit encore fait aucun acte de repriſe, a obtenu une Ordonnance de M. Formé pour la préſentation & affirmation du compte. On a énoncé fauſſement dans cette

Ordonnance du 11 Octobre, que le ſieur Leſcaro avoit mis le même jour un acte de repriſe au Greffe. Quel que ſoit le principe de cette erreur, les pieces de la procédure prouvent que l'acte de repriſe n'a été mis réellement au Greffe que le 13, & qu'il a été ſignifié le 24.

Le 14 du même mois, le ſieur Leſcaro a préſenté & affirmé ſon compte; mais quel compte? Il y avoit lieu de croire que l'Arrêt de 1769 n'ayant point adopté celui que Tegaldo préſentoit alors, & l'ayant aſſujetti à en rendre un plus régulier, il ſe ſeroit conformé à ſa diſpoſition; mais le Procureur de M. le Maréchal, préſent à cette affirmation, a été fort étonné de reconnoître que ce compte étoit préciſément le même que celui qui avoit été produit avant l'Arrêt, & qu'il n'étoit appuyé d'aucune piece nouvelle. Il a d'abord fait ſes proteſtations ſur les vices de la procédure, & ſur le défaut de juſtification ſuffiſante de la qualité priſe par le ſieur Leſcaro dans ſon acte de repriſe; depuis il a pris communication de ce compte, & il a propoſé les moyens de nullité & les débats dont il l'a cru ſuſceptible. La diſcuſſion de ce compte a fait la matiere d'une nouvelle Inſtance qui eſt enfin en état de recevoir ſa déciſion.

M. le Maréchal de Richelieu conclud, à l'égard du ſieur Leſcaro, à ce que le compte ſoit rejetté comme nul & frauduleux, & à ce que, faute de lui avoir rendu un compte en regle, le ſieur Leſcaro ſoit condamné ſolidairement avec la ſucceſſion du ſieur Tegaldo, à lui payer 150,000 livres, ou telle autre ſomme qui ſeroit arbitrée par la Cour par forme de dommages & intérêts, & pour lui tenir lieu du bénéfice qui a dû réſulter de l'expédition faite aux iſles Canaries; aux offres de tenir compte des 35,000 livres ſur la ſomme qui lui ſeroit adjugée.

Il conclud contre la Dame Franchy, à ce qu'en infirmant l'Ordonnance du Châtelet, du 5 Février 1763, portant permiſſion de ſaiſir, elle ſoit déboutée de ſes demandes, que les ſaiſies ſoient déclarées nulles, & que la main-levée proviſoire demeure définitive, avec dommages, intérêts & dépens.

MOYENS.

M. le Maréchal de Richelieu pourroit d'abord inſiſter ſur le défaut de qualité de la part du ſieur Leſcaro pour rendre le compte dont il s'agit, & pour la repriſe de l'Inſtance.

En effet, les pieces qu'il a produites, ne juſtifient que très-imparfaitement ſes pouvoirs. Il paroît bien par un acte du 19 Août 1769, poſtérieur de quelques jours à l'Arrêt interlocutoire, que le ſieur Leſcaro a été autoriſé par le Magiſtrat Conſervateur de la Marine de Gênes à reprendre l'Inſtance & l'exécution de l'Arrêt au lieu du ſieur Tegaldo; mais on ne voit point auſſi clairement que ce Magiſtrat eût lui-même les pouvoirs qu'il conféroit au ſieur Leſcaro.

On a produit, il eſt vrai, une expédition d'une Conſulte & d'un Décret du Sénat de Gênes du 9

Janvier 1766, par lequel on dit que le Conſervateur de la Marine a été autoriſé & délégué par le Sénat, pour faire les pourſuites néceſſaires relativement à l'action civile contre le patrimoine & les débiteurs du ſieur Tegaldo.

Mais, 1°. l'expédition de ce Décret & de cette Conſulte eſt conçue dans des termes ſi obſcurs, & rédigée ſi imparfaitement, qu'il eſt difficile de fixer ſes idées, non-ſeulement ſur le motif du Décret, mais même ſur ce qu'il prononce. 2°. Le ſieur Leſcaro auroit dû expliquer par quelle raiſon depuis ce Décret Tegaldo a continué à être ſeul Partie dans l'Inſtance juſqu'à ſa mort ; on ne voit point pourquoi ce décès a déterminé le Magiſtrat Conſervateur de la Marine à donner au ſieur Leſcaro des pouvoirs de reprendre l'Inſtance. Si Tegaldo a été dépouillé de ſon patrimoine, comme on le prétend, dès 1766, à cette époque le Magiſtrat auroit dû exercer les droits de Tegaldo, & celui-ci auroit dû ceſſer de figurer dans l'Inſtance qui ſubſiſtoit alors ; ſi au contraire, malgré le Décret de 1766, le Conſervateur de la Marine n'a pas cru devoir prendre part au procès, juſqu'à la mort de Tegaldo, il y a lieu de croire qu'il n'y étoit point autoriſé ; le décès de Tegaldo n'a point donné à ce Magiſtrat le droit qu'il n'avoit point ; il eût fallu un nouveau Décret qui eût été rendu, ſoit contre l'héritier de Tegaldo, ſoit contre le Conſervateur à la ſucceſſion vacante, en cas d'abſtention ou de renonciation de l'héritier.

En ſuppoſant au ſieur Leſcaro les pouvoirs ſuffiſans pour reprendre l'Inſtance, cette repriſe devoit au moins précéder toute autre procédure de sa part ; cependant elle n'étoit point faite lorsqu'il a obtenu l'Ordonnance de M. Formé, à l'effet de présenter & affirmer le compte ; l'acte de reprise est postérieur de deux jours à ce premier acte de procédure.

Mais M. le Maréchal de Richelieu, empressé de voir la fin de cette affaire, supposera au sieur Lescaro les pouvoirs suffisans pour rendre le compte ; il veut bien regarder le silence de l'héritier de Tegaldo, comme un acquiescement à l'acte du 19 Août 1769, & sous ce point de vue, il va s'attacher à démontrer que le compte présenté par le sieur Lescaro, est absolument nul, frauduleux & inadmissible.

Une seule réflexion fort simple sembleroit devoir le dispenser d'entrer dans la discussion de ce compte.

En jettant les yeux sur cette piece, & sur le prétendu compte du Capitaine Ghilino (qui est la seule piece produite à l'appui de la premiere) on reconnoît que ces deux comptes avoient été produits tels qu'ils sont, avant l'Arrêt de 1769. A cette époque, M. le Maréchal de Richelieu pressoit depuis longtems Tegaldo de rendre son compte, & soutenoit que le sort de son billet dépendoit de l'événement du compte ; Tegaldo en convenoit, quoiqu'à regret ; & la preuve, c'est qu'il produisoit, comme il fait aujourd'hui, ce compte & celui du Capitaine Gilhino.

Or, en consultant les procédures qui furent faites alors, on voit que M. le Maréchal de Richelieu soutint que ces comptes étoient absolument informes, que n'étant appuyés d'aucunes pieces justificatives, il n'étoit pas possible d'y avoir égard ; ils ont été analysés & discutés de part & d'autres ; la Cour étoit donc en état d'admettre ou de rejetter les comptes ; si elle eût cru pouvoir les admettre, elle eût pu prononcer à l'instant sur le fond même des contestations ; mais elle a jugé avec raison qu'ils étoient insuffisans ; & c'est sur ce motif qu'elle a ordonné que Tegaldo *présenteroit & affirmeroit son compte*, & que M. le Maréchal de Richelieu seroit tenu de le débattre dans le délai qu'elle lui a prescrit. Il résulte de cette disposition que la Cour a entendu rejetter le compte que Tegaldo avoit produit, & l'assujettir à en rendre un nouveau ; autrement la disposition de cet Arrêt n'eût eu aucun objet.

Lescaro remet donc en question ce qui a été jugé par l'Arrêt de 1769 ; il ne présente point celui que l'Arrêt l'assujettit à rendre ; dès lors il paroîtroit superflu de se livrer à une nouvelle discussion sur ce compte. Mais comme le sieur Lescaro semble méconnoître le véritable esprit de l'Arrêt, il faut lui prouver que, quand il n'auroit pas déja préjugé les vices & l'insuffisance du compte, ses défauts sont de nature à le faire jetter absolument.

M. le Maréchal de Richelieu ne s'appesantira point sur la forme du compte. Si les différens articles dont il est composé étoient appuyés de pieces justificatives, si la plupart de ces articles n'étoient pas nonseulement dénués de toute espece de preuves, mais évidemment injuſtes & ridicules, il s'empreſſeroit d'accueillir ce compte, ſans s'arrêter à diſcuter ſi les formes uſitées pour la reddition de pareils comptes ont été ſtrictement obſervées. Il eſt bien éloigné de vouloir chicaner ſur les termes ; mais il prétend n'être point la dupe des manœuvres pratiquées pour le tromper ; il exige que l'on le mette à portée de voir diſtinctement quel a été l'événement de la ſpéculation de commerce à laquelle il a eu la condeſcendance de ſe livrer ; il eſt juſte qu'il paie ce qu'il pourra redevoir, ſi on lui démontre que l'entrepriſe à laquelle il s'eſt aſſocié, a mal tourné ; mais, ſans cette démonſtration, on ne peut exiger qu'il ſe livre aveuglément à la déprédation d'un Négociant, qui auroit abuſé de ſa facilité & de ſon peu d'expérience dans ces ſortes de négociations, pour en retirer ſeul les profits.

C'eſt ſous ce point de vue qu'il va prouver la nullité & les vices dont eſt infecté le compte qui lui eſt préſenté.

Suivant le réſultat de ce compte, calcul fait des articles de *l'avoir* ou de la recette, & de ceux de la dépenſe ou du *doit*, M. le Maréchal de Richelieu ſe trouveroit devoir à la ſucceſſion Tegaldo ou à ſon Repréſentant, y compris ſon billet de 35000 livres, une ſomme de 54607 livres, monnoie de Gênes, qui forme 52809 livres 6 ſols argent de France ; enſorte que, loin d'avoir bénéficié dans l'entrepriſe, il auroit perdu la propriété des trois quarts qu'il s'étoit réſervés dans les chebecs ; & il auroit encore à rendre 17000 livres outre les 35000 livres qu'il a reconnu avoir reçus par le billet.

Voyons par quelle opération l'on prétend arriver à un résultat aussi révoltant.

Le compte peut être divisé en deux Parties, dont l'une concerne la recette, & l'autre la dépense ; il faut les discuter séparément.

Examen de la Recette.

Cette recette est réduite à trois articles. Le premier concerne *le produit des marchandises* chargées sur les chebecs. Les deux autres concernent *le produit des chebecs* eux-mêmes.

Examen du premier article de Recette.

Dans cet article on suppose que le bénéfice, provenant de la vente des marchandises, n'a monté qu'à une somme de 4002 livres qui donne pour la portion de M. de Richelieu 986 livres, monnoie de Gênes.

Mais comment justifie-t-on cette énonciation ?

Pour toute piece justificative, on présente une feuille volante intitulée: *Compte des marchandises chargées sur le chebec du Capitaine Cervo pour les Canaries, dans lequel participe sur le bénéfice de 37,000 livres Monseigneur le Duc de Richelieu, le compte susdit tiré du compte original présenté & rendu par le Capitaine Joseph Ghilino, Supercargue dudit chebec, sous la direction duquel étoient lesdites marchandises.*

Deux

Deux témoins affidés se sont présentés chez un Notaire, & ont attesté, au pied de cette acte, qu'ils l'avoient tiré *sur le compte original de ce sieur Ghiglino, étant en vingt-quatre feuilles;* lequel original existoit entre les mains de Tegaldo, & que ces comptes étoient justes : le Notaire a reçu leur attestation.

Ce compte est divisé en deux colonnes.

L'une contient une *énumeration des marchandises* que l'on suppose avoir été *chargées sur le chebec* lors de son départ pour l'expédition des Canaries, sans que l'on indique aucunes pieces justificatives de ce chargement : elle contient aussi quelques articles pour frais d'embarquement de ces marchandises, frais de douane, nolis & avaries, & ces articles ne sont soutenus non plus d'aucunes pieces justificatives.

La seconde colonne est intitulée, *relevé du net produit des marchandises ci-contre, chargées par le Capitaine Cervo pour les Canaries;* elle contient une énumération des articles portés dans la précédente colonne, & du prix que l'on suppose reçu, ou à recevoir, de ces marchandises, sans qu'il soit fait mention, ni des dates des ventes, ni des lieux où elles ont été faites, ni des Marchands avec qui elles ont été consommées.

Suivant ce compte, les articles de la premiere colonne montent à 150053 livres, ceux de la seconde à 154,056 livres, ce qui forme les 4002 liv. de bénéfice, portées dans le premier article du compte de Tegaldo.

Voilà la seule piece que le sieur Lescaro (à l'exemple de Tegaldo) produit pour justifier cette partie importante du compte, que l'un & l'autre ont successivement présenté.

M. le Maréchal soutient avec confiance que, quelques Loix que l'on suive pour juger de la validité du compte, soit que l'on consulte celles de France, soit que l'on suive celles de Gênes, en un mot, dans quelque pays, dans quelque Tribunal que soit présentée une pareille piece, elle est absolument défectueuse & incapable de justifier le compte dont il s'agit.

C'est un principe commun à toutes les Nations, parce qu'il est fondé sur l'équité & la raison, que tout comptable est obligé de présenter, à l'appui de son compte, des pieces qui puissent en justifier les articles. Il n'est point nécessaire de recourir aux Ordonnances de la France, ni aux Loix & Usages de Gênes, pour prouver cette vérité ; un compte ne peut mériter ce nom, qu'autant que celui qui le rend, rapporte des preuves non suspectes des articles de recette ou de dépense qu'il y énonce.

Il ne faut point encore citer de Loix pour prouver qu'il ne doit pas dépendre d'un comptable de suppléer aux pieces justificatives d'un compte, en faisant fabriquer par une personne dévouée à ses intérêts, une piece sans caractere & sans consistance, dans laquelle on aura supposé, sans preuve, des opérations conformes aux vues de celui qui présente le compte, & qui voudroit en imposer avec cette piece.

D'ailleurs, qu'est ce que certifient les témoins ? Que la piece représentée est *un extrait du compte du*

Capitaine Ghiglino. Mais la queſtion n'eſt pas de ſavoir s'il exiſte un compte rendu par ce Capitaine, dont le réſultat ſoit pareil à celui de l'extrait ; elle eſt de ſavoir *ſi ce pretendu compte ſuffit* pour juſtifier celui que Tegaldo doit à M. de Richelieu.

Mais cette derniere queſtion peut-elle faire la matiere d'un doute raiſonnable ?

Tegaldo a fait un traité de ſociété avec M. le Maréchal de Richelieu : il a dû fournir une partie des fonds montant à 74,000 livres. La miſe de M. le Maréchal a conſiſté dans la fourniture des 2 chebecs, dont il a cédé le quart de la propriété à Tegaldo, & dans la reconnoiſſance de la ſomme de 35,000 livres ; la condition de la ſociété a été qu'il participeroit aux bénéfices de 37,000 livres, faiſant la moitié des fonds. Tegaldo s'eſt chargé de la conduite de l'entrepriſe, il a promis & s'eſt obligé formellement *d'en rendre un compte fidele* à M. le Maréchal. Dès-lors, il a contracté l'obligation de ſe procurer & de conſerver toutes les pieces néceſſaires pour faire connoître dans la ſuite à ſon Aſſocié l'iſſue de l'entrepriſe. Il a dû, par conſéquent repréſenter toutes celles qui pouvoient juſtifier, 1°. la *quantité* & la *qualité* des marchandiſes chargées ſur le chebec, lors de ſon départ pour l'expédition des Canaries. 2°. *Le lieu* où elles ont été vendues, *le prix* de cette vente, & *le nom* des acheteurs. 3°. Les marchandiſes qui ont dû être achetées aux Canaries pour former le *retour* de ce chebec. 4°. Enfin, ce que ſont devenues ces marchandiſes, & ce qu'elles ont *produit.*

Quelles doivent être les pieces juſtificatives de ces objets ?

M. le Maréchal a invoqué dans le cours de l'inſtruction, & il invoque encore aujourd'hui avec fondement, les diſpoſitions de l'Ordonnance du Commerce concernant les connoiſſemens, les chartes parties, le fret ou nolis, & la police qui s'exerce à l'entrée & à la ſortie des vaiſſeaux des différens ports.

1°. Suivant cette Ordonnance, livre 3, titre 1, article 1, il doit y avoir des contrats qui conſtatent la convention pour le louage des vaiſſeaux. On les appelle *charte-partie*, *affrettement* ou *noliſſement* : ces actes, ſuivant l'article 10 du même titre, doivent reſter entre les mains du Maître du vaiſſeau pendant tout le cours du voyage, avec les autres pieces juſtificatives du chargement.

2°. Il doit y avoir des *connoiſſemens*, *police de chargement*, ou reconnoiſſance des marchandiſes chargées dans le vaiſſeau, ſignés du Maître & de l'Ecrivain, qui ſoient en bonne forme, & qui puiſſent former la preuve du chargement : *article premier du titre ſecond.*

Ces connoiſſemens doivent contenir la qualité, quantité, marques des marchandiſes, le nom du Déchargeur & leur deſtination, les lieux du départ & de la décharge, le nom du Maître & celui du vaiſſeau, & le prix du fret : *article ſecond.*

Comme ces pieces forment le titre du Chargeur

contre le Maître de l'équipage, elles doivent être faites ou triples ou au moins doubles, de maniere que le Maître & le Chargeur en aient chacun un double : *article* 3.

3°. Les conventions des Maîtres avec l'Agent de l'équipage, doivent être rédigées par écrit : *article premier du titre premier.*

4°. Il y a dans les Greffes des Amirautés des registres où doivent s'inscrire les congés & les rapports des Capitaines & Maîtres des navires : livre 1, tit. 4, art. 8.

5°. Les bâtimens sont sujets à des visites, soit lors de leur arrivée, soit lors de leur départ dans les ports, & il en doit être dressé des procès-verbaux : *ibid.* titre 5, articles 2 & 3.

6°. Enfin le Capitaine ou Maître doit avoir *un livre-journal* sur lequel il doit inscrire exactement sa recette & sa dépense, & généralement tout ce qui regarde le fait de sa charge : *liv.* 2, *tit.* 1, *art.* 10.

Voilà quelles sont les Loix de la France sur cette matiere. Tout François, plaidant dans le Tribunal de sa Nation sur l'exécution d'un engagement qu'il a contracté quoique dans un pays étranger, semble autorisé à n'en point reconnoître d'autres.

Cependant le sieur Lescaro s'efforce d'échapper à leur application, en répétant, à chaque page de son Mémoire, « que Tegaldo étoit Génois ; que la so-» ciété de commerce a été faite à Gênes ; que con-» séquemment ce n'est point par les Loix de la Fran-

» ce, mais par celles de Gênes, que la contestation » doit être jugée ». C'est son argument favori, c'est sa réponse à toutes les critiques que l'on a proposées contre le compte.

Suivant lui, il existe donc à Gênes des Loix différentes de celles de France, des usages contraires.

Mais d'abord, lui suffit-il donc de les alléguer, & n'est-ce point à lui à justifier son allégation ? Il présente un compte; on lui oppose qu'il est absolument défectueux ; on lui cite des Loix pour le prouver; il veut les écarter, en soutenant qu'il est sous l'empire d'autres Loix qui ne l'assujettissent point aux mêmes conditions: qu'il indique donc ces Loix; qu'il prouve qu'il s'y est conformé scrupuleusement, & alors l'on pourra examiner dans le droit par quelles Loix les Parties doivent être jugées ; & dans le fait, si le compte est conforme à celles qui doivent décider du sort de la contestation.

2°. L'allégation du sieur Lescaro mérite d'autant moins de confiance, que tout le monde sait que les Loix de la France, relativement au Commerce maritime, sont la plupart conformes à celles des autres Nations, ou plutôt qu'elles ne sont que le résultat des usages, de la Jurisprudence de toutes les Nations commerçantes, soit étrangeres, soit nationales.

Avant l'Ordonnance de 1681, nos Loix se ressentoient du peu de progrès de notre Marine ; par cette raison, le Monarque, qui s'appliquoit à faire fleurir cette partie, chargea des personnes instruites de recueillir les usages & les Loix des Nations les plus éclairées ſur ce point. Ce fut ſur ces uſages & ſur ces Loix que fut rédigée cette fameuſe Ordonnance *qui fit* (pour nous ſervir des termes de Vaſlin ſon Commentateur) *l'admiration univerſelle*.

« Elle eſt telle, dit-il dans ſa Préface, que les Na-
» tions les plus jalouſes de notre gloire, dépoſant
» leurs préjugés, leurs haines même, l'ont adoptée
» comme un monument éternel de ſageſſe & d'in-
» telligence ».

« Elle eſt devenue », dit-il encore dans un autre endroit, « dans l'inſtant, *la Loi univerſelle du Commerce*
» *maritime des Nations* ».

M. le Maréchal de Richelieu pourroit borner là ſes réflexions; il lui ſuffiroit de dire que les diſpoſitions de l'Ordonnance de 1681, qu'il a citées, ſont évidemment néceſſaires pour le maintien du Commerce maritime, & la ſûreté des contractans; qu'elles doivent ſe pratiquer par-tout, ou au moins qu'elles doivent être ſuppléées par des uſages équivalens.

Mais il a porté plus loin ſes recherches; il a voulu ſavoir quelles étoient en effet les Loix & les uſages de Gênes; il a interrogé les Juriſconſultes les plus célebres de cette République : il a fait plus, il s'eſt procuré le recueil même qui contient les ſtatuts de cette République, & un traité fait ſur cette matiere par un Juriſconſulte fameux, nommé *Targa*, qui a recueilli tous les principes, & qui fait autorité, non-ſeulement dans cette Nation, mais dans pluſieurs autres Etats. Ces pieces importantes, qui ſont produites, le mettent en état de confondre le ſieur Leſcaro. Il en résulte en effet que les usages de Gênes sont précisément les mêmes que ceux de la France, & qu'il n'y a de différence que dans quelques noms.

L'Ouvrage de *Targa* est divisé en un grand nombre de chapitres, dans chacun desquels il établit des regles relatives à tout ce qui concerne le Commerce maritime & la navigation. M. le Maréchal de Richelieu a pris la précaution de faire faire une traduction fidelle de ceux de ces chapitres où se trouvent les décisions & les autorités qui s'appliquent à cette affaire.

Le chapitre 25 a pour titre : *Le contrat d'affrettement.* Le Jurisconsulte y explique ce que c'est que ce contrat, quel en est l'objet, & dans quelle forme il doit être rédigé.

Entr'autres conditions de ce contrat, on y remarque celle-ci : « L'Ecrivain du vaisseau, & son Aide, » devront, est-il dit, assister l'un à bord, l'autre à » terre, & recevoir & envoyer les marchandises de » l'embarquement à bord avec le bateau & la cha- » loupe, & les y faire noter au *livre de l'écoutillon*, » pour en rapporter note *au livre du manifeste, avec* » *les noms & surnoms de ceux qui chargent*, & pour » quels parages & à qui elles sont adressées, avec » les marques, en délivrant des billets, reçus, en ren- » dant lesquels on formera ensuite *les connoissemens* ».

Le chapitre 30 est intitulé : *De la Lettre ou Police de charge ou connoissement.* On y lit ces expressions remarquables :

« A mesure que l'on charge des marchandises sur » le

» le vaiſſeau, c'eſt l'ordinaire, pour bonne regle, » que qui aſſiſte à la réception (fonction qui appar- » tient à l'Aide de l'Ecrivain), note le tout *au livre* » *de l'écoutillon* .... & ledit Aide donne à qui l'in- » troduit, un billet de reçu, qui, bien que tout ſeul » puiſſe obliger le Capitaine & le vaiſſeau, comme » le connoiſſement; cependant, parce que dans ce » reçu l'on ne ſauroit roter toutes les circonſtances » & les choſes qui exigent ſpécification, & que c'eſt » une pure note de ce qu'on embarque, elle ſert en » attendant que d'après elle on dreſſe *le connoiſſement* » ou police de charge ».

« Enſuite, continue-t-il, le chargement étant ache- » vé, l'on avertit tous les Marchands qui ont chargé » de venir quelque part, & là l'on remet leur reçu à » l'Ecrivain, que l'on collationne avec le livre de » l'écoutillon; & par contre l'Ecrivain leur délivre » *le connoiſſement* dans lequel ſont marquées toutes les » circonſtances eſſentielles : ſavoir, *qui charge*, *à qui* » *la cargaiſon eſt adreſſée*, *par où*, *pour compte & au riſ-* » *que de qui*, *moyennant quel fret*, *en quoi la charge* » *conſiſte*; *ſi ce ſont des marchandiſes à poids*, *nombre* » *ou meſure*, *&c.* Et l'Ecrivain enfile le reçu après » avoir délivré le connoiſſement, & *l'enregiſtre litté-* » *ralement au livre du manifeſte*, lequel eſt comme » l'original des actes de Notaires; & le *livre de l'écou-* » *tillon* & *les reçus* operent comme la matrice, & le- » dit connoiſſement comme l'extrait & expédition » authentique *que l'on délivre en trois copies* ».

Le chapitre 14, traite *de l'Ecrivain de vaiſſeau &*

de ſon Office. Les déciſions qu'il renferme ſont encore bien importantes.

« L'Ecrivain, eſt-il dit, doit tenir trois ſortes de » livres, & les garder ſous la clef. Le premier eſt le » *cartulaire* proprement dit, auquel on doit noter les » dettes & les créances, l'entrée & la ſortie, les pro- » fits & les pertes, faiſant rapporter les parties ſui- » vant les regles d'une écriture bien formée, pour » l'arrêter à la fin de chaque voyage; & après la » derniere décharge, avec la perception des fruits, *en* » *former la balance avec le ſolde de tout compte, pour* » *partager les profits & en donner au juſte ſa portion à* » *chacun des intéreſſés & participans* ».

« Le ſecond livre ſe nomme *manifeſte*, auquel on » note tout ce qui eſt embarqué & enſuite débarqué, » en embarquant, donnant débit au vaiſſeau de ce » qui y entre, & le déchargeant après le débar- » quement ».

« En marge, ajoute l'Auteur, doivent être les mar- » ques des charges, fardeaux & paquets; dans l'eſpace » du livre, il doit premiérement noter l'an, le jour » & le lieu de l'embarquement, & tout ce qui eſt » contenu dans la lettre ou police de charge que l'on » préſente; & par contre, l'on note la reddition, le » jour, le lieu & les perſonnes ».

« Le troiſieme livre eſt tenu pour y noter tout ce » qui arrive *journellement*, délibérations, & ſubſ- » tance de ce qui ſe préſente pour l'adminiſtration » & conduite du négoce du vaiſſeau.... L'écriture » doit y être continuée ſans vuide, & les parties de

» ce livre ſe rapportent *au grand livre* ſuivant l'ordre » arithmétique ».

L'Auteur termine l'expoſition de ces regles par cette réflexion eſſentielle :

« Ces livres... qui (comme dit eſt) paſſent ſous » le nom de *cartulaires* du vaiſſeau, parce qu'ils con- » tiennent toutes les annotations à influer ſur le grand » cartulaire, ſont *des livres publics & ne ſe peuvent ca- » cher à perſonne qui jure y avoir intérêt ;* & comme » tels, l'Ecrivain eſt obligé, à toute ordonnance de » Juge compétent, de les exhiber comme ſi c'étoient » des actes reçus par Notaire public ſur terre, parce » qu'ils ont la même vertu : il cite les textes des Loix » de Gênes, où il a puiſé toutes ces déciſions ».

Il y a auſſi un chapitre particulier qui a pour titre, *du Conſulat ou Teſtimonial*, qui explique toutes les formalités établies pour conſtater les pertes & les accidens qui peuvent arriver dans le cours du voyage : *c'eſt le chapitre* 75.

Le chapitre 80 preſcrit les regles pour le déchargement & la conſignation des marchandiſes. Le chapitre 89 traite de la maniere de vendre un vaiſſeau dont la propriété appartient à pluſieurs : les regles qu'il contient trouveront leur application dans la ſuite.

Enfin le chapitre 94 traite de la reddition des comptes. L'Auteur, après avoir établi la regle générale que tout Adminiſtrateur de quelqu'affaire ou vaiſſeau, ou tout autre négoce quelconque, doit un compte, & avoir preſcrit des regles de conduite pour les différentes especes d'administrations, ajoute : « Il faut savoir que la reddition d'un compte em-» porte obligation de trois choses ; c'est-à-dire, pro-» duction *du livre de l'administration, avec les papiers* » *y appartenans. Item*, faire le calcul des parties ré-» sultantes du livre, & satisfaire le reliquat ».

Cette derniere décision est fondée littéralement sur le statut de Gênes, titre *de Societate seu ration, moreat*. cap. 12, §. *Quilibet*, liv. 4, qui porte :

« Quilibet Præpositus institutus & Administrator » cujusve societatis, seu negociationis, in quâvis » mundi parte, & quicumque alii qui aliena negocia » administrarent, teneantur restringere, & recupe-» rare omnes libros, cartas, faccia & alias scripturas » spectantes quovis modo dictæ societati sive ne-» gociationi, & eos deponere in judicio ad simpli-» cem requisitionem cujusvis ex sociis, seu participi-» bus, & pariter *reddere bonam, veram, & legalem ra-* » *tionem pro tempore suæ administrationis ; alioquin* » *possit contra eos procedi pro crimine barattorio, seu* » *de his qui de ære alieno aliter disponunt quàm domi-* » *nus statuit* ».

Telles sont donc les regles & les usages de la République de Gênes, conformes à nos regles & à nos usages, ou du moins équivalens. La représentation des livres d'administration est sur-tout indispensable pour justifier les comptes des Armateurs ; elle ne peut être suppléée par des contrats faits par des personnes sans caractere : ces livres sont nécessaires pour constater la quantité & la qualité des marchandises chargées ſur un vaiſſeau, & le lieu où elles l'ont été, ſoit en allant, ſoit au retour, & leur décharge ; la vente qui en a été faite & le prix qui en eſt provenu. Ce n'eſt que par leur repréſentation que l'on peut reconnoître le profit & la perte qui ſont réſultés du négoce ; c'eſt ce qu'atteſtent, de la maniere la plus énergique, cinq Juriſconſultes Génois qui ont été conſultés ſur la maniere dont les comptes des ſociétés maritimes doivent être rendus ; leur ſuffrage eſt du plus grand poids, parce qu'il a pour baſe une multitude de textes de Loix citées, & le ſentiment de tous les Auteurs Génois qui ont travaillé ſur cette matiere.

Cela poſé, ſoit que l'on conſulte les Loix de France, ſoit que l'on croie devoir ſe décider par celles de Gênes, il eſt évident que la feuille tirée du prétendu compte du Capitaine Ghiglino, eſt abſolument inſuffiſante pour ſuppléer la repréſentation de toutes ces pieces.

Tegaldo n'a pu certainement ſe contenter lui-même d'un compte auſſi informe, il s'en eſt très-sûrement fait rendre un plus en regle, qu'il a affecté de tenir ſecret ; celui qu'il a préſenté eſt le fruit d'un concert frauduleux pratiqué entre lui & Ghiglino, pour fruſtrer M. le Maréchal de Richelieu des bénéfices de l'entrepriſe.

Quoi qu'il en ſoit, ce compte, frauduleux ou non, eſt une piece trop iſolée, trop imparfaite, pour ſuppléer à la repréſentation des pieces juſtificatives dont on vient de faire connoître la néceſſité. Tegaldo *de-*

vant un compte fidele à M. le Maréchal de Richelieu, n'a point été le maître de diſpenſer le Capitaine Ghiglino de juſtifier tous les articles de ſon compte.

Objection. Le ſieur Leſcaro eſſaie en vain de perſuader que le traité fait entre Tegaldo & M. le Maréchal de Richelieu, étant poſtérieur de deux mois au chargement du navire & à ſon départ, on ne peut faire un crime à Tegaldo de n'avoir point pris de précaution pour conſtater ce chargement, dans lequel il ſuppoſe que M. le Maréchal de Richelieu n'avoit point alors d'intérêt.

Reponse. L'objection porte ſur une allégation fauſſe. Quoique le traité n'ait été rédigé qu'au mois de Novembre, les conditions en étoient arrêtées verbalement, long-tems avant le départ du navire; autrement de quel droit Tegaldo eût-il chargé des marchandiſes ſur un chebec dont la propriété, de ſon aveu, appartenoit à M. le Maréchal de Richelieu? Il n'a pu s'en ſervir pour l'expédition des Canaries, que du conſentement de M. le Maréchal, & ce conſentement a été une des conditions du traité : c'eſt une partie de la miſe qu'il a faite dans cette ſociété ; ainſi Tegaldo a dû ſe conformer à toutes les Loix preſcrites pour l'intérêt des Aſſociés, d'autant plus qu'une grande partie des marchandiſes étoient chargées pour le compte d'autres Aſſociés, auxquels il devoit également être en état de faire repréſenter les pieces juſtificatives du chargement.

Objection. Le ſieur Leſcaro ne raiſonne pas avec plus de juſteſſe lorſqu'il prétend que Tegaldo ne doit rapporter aucune preuve du chargement des marchandises qui ont dû former la cargaison du vaisseau à son retour des Canaries. Il argumente mal-à-propos du silence du traité sur ce point.

REPONSE.

En effet, c'est un principe, familier dans le Commerce & attesté par *Targa*, chap. 24 du Contrat de Compagnie & Négoces maritimes, que toutes les fois que des Associés s'unissent pour une expédition maritime, ils participent à tous les hasards heureux ou malheureux de cette expédition. Celle projettée entre les Parties avoit pour objet de conduire des marchandises aux isles Canaries, & d'en apporter d'autres en échange, comme cela se pratique; il n'étoit point nécessaire d'exprimer dans l'acte, que les Associés participeroient également aux bénéfices que l'on pourroit faire, soit sur les marchandises chargées, soit sur celles rapportées en échange; il a suffi de dire, comme on l'a fait, que M. le Maréchal de Richelieu participeroit pour moitié dans les profits de 74,000 livres; tous les profits que cette somme a pu produire à la société, soit par la vente des marchandises portées aux Canaries, soit par celles des marchandises rapportées à Gênes, appartenant à la société, M. le Maréchal de Richelieu y a sa moitié: il eût fallu une clause expresse dans le traité, pour lui interdire la participation du bénéfice sur ces dernieres.

Il est faux qu'il ait été impraticable de charger en retour le chebec avec le produit des marchandises vendues aux Canaries. Le chebec *le Duc de Ri-*

chelieu eſt arrivé des premiers aux iſles Canaries après la paix ; le moment étoit favorable pour la vente des marchandiſes dont on étoit dépourvu depuis long-tems. Tous les raiſonnemens du ſieur Leſcaro à cet égard ſont forcés & contraires aux notions les plus communes. Moins il y a d'argent dans une iſle où un navire marchand aborde, plus il lui eſt facile de faire ſon retour en marchandiſes du pays ; c'eſt le cas du commerce par échange, le ſeul en quelque ſorte que l'on faſſe aux Colonies. Ainſi le bâtiment a dû être chargé en retour ; il l'a été en effet, & Tegaldo a dû juſtifier en quoi conſiſtoient ces marchandiſes, & ce que leur vente a produit à la ſociété. Cependant ſon compte, ni celui du Capitaine Ghiglino n'en parlent point.

Enfin en ſuppoſant même que le ſieur Tegaldo ne fût point obligé de faire un chargement en retour au profit de la ſociété, au moins devoit-il compter *du nolis* des marchandiſes qui ont dû être fretées ſur les chebecs lors de leur retour ; & ce *nolis* appartiendroit alors à M. de Richelieu pour les trois quarts, puiſqu'il étoit propriétaire pour cette portion des bâtimens, & que cette participation proportionnelle dans les profits *du nolis* eſt une clauſe préciſe de l'acte de ſociété du 7 Novembre 1748.

Concluons donc que le premier article de la recette du compte de Tegaldo qui eſt le plus important, n'eſt nullement juſtifié ; que le compte du Capitaine Ghiglino eſt une piece qui caractériſe la fraude qui a regné

regné entre entre l'un & l'autre, & qui ne mérite aucune foi.

En vain voudroit-on se prévaloir du suffrage du sieur Regny, Consul de France, que l'on annonce avoir été chargé de l'examen des comptes, & qui les a trouvés, dit-on, en regle. OBJECTION.

D'abord la production du sieur Lescaro ne contient aucun témoignage émané directement de ce Consul ; on n'y trouve qu'un acte aussi irrégulier que vicieux en lui-même, dans lequel deux témoins, sans ordonnance du Juge, sans aucune autre formalité, déposent de *ouï-dire* du sieur Regny; on suppose que ce Consul est convenu d'avoir été chargé de la vérification du compte, de l'avoir examiné sommairement, de l'avoir fait voir à des Négocians renommés, & de l'avoir trouvé *parfaitement justifié*. Suivant le même récit, le sieur Regny avoit trouvé M. le Maréchal débiteur de 32,600 livres; il le lui avoit écrit en lui envoyant le compte, *& n'en avoit reçu aucune réponse*; il a refusé d'attester ces faits uniquement dans la crainte de faire déplaisir à M. le Maréchal de Richelieu. *REPONSE.*

La plupart des faits consignés dans ce certificat sont absolument faux & démontré tels par une piece qui méritera certainement mieux la confiance des Magistrats, & qui ne leur laissera point de doute sur la véritable opinion que ce Consùl avoit eue du compte de Tegaldo; c'est une lettre écrite le 8 Août 1763, par ce Consul lui-même à M. le Maréchal de Richelieu, qui l'a conservée.

Le commencement de cette lettre suppose bien que M. le Maréchal lui avoit envoyé le compte de Tegaldo, & l'avoit chargé de cet examen ; il suppose aussi que ce Consul ne l'avoit examiné que très-superficiellement, & qu'il avoit en effet écrit à M. le Maréchal une premiere lettre par laquelle il sembloit approuver le compte, présupposant que l'on n'auroit pas la hardiesse de présenter un compte sans pieces justificatives ; mais le surplus de la lettre prouve que M. le Maréchal lui avoit fait promptement réponse ; qu'il l'avoit accompagnée d'un mémoire dans lequel ses Conseils avoient relevé tous les vices de ce compte, & qu'il avoit recommandé au sieur Regny de faire un examen plus approfondi, & du compte, & du mémoire. Elle prouve encore que le sieur Regny s'est en effet livré à ce nouvel examen ; qu'il a eu recours aux lumieres d'un Jurisconsulte renommé, & que le résultat de leur travail commun a été la conviction de l'irrégularité du compte.

« Je vous avoue, dit-il, que je ne conçus pas dans » la lettre dont votre Grandeur m'a honoré le 5 Février, des motifs aussi forts & aussi puissans relativement aux comptes de Tegaldo, comme je le vois » dans le mémoire que je viens de recevoir ».

Il s'excuse ensuite sur le vice de ses premieres opérations ; il dit qu'il n'a point eu pour objet de favoriser Tegaldo, qui n'est rien moins que digne de son estime, & en annonçant son nouveau travail, il ajoute :

« J'ai associé à mon travail M. l'Avocat Chioza, » Assesseur de la Jurisdiction Consulaire de France,

» Sujet qui n'est pas moins respectable par sa capacité
» que par sa probité, qui mérite l'estime & l'amitié
» de MM. Chauvelin, de Neuilly, & Boyer; c'est
» avec le secours de ses lumieres que j'ai entrepris
» d'éplucher les comptes de Tegaldo; il m'en a déjà
» fait remarquer *toute l'irrégularité;* & après avoir
» *mûrement examiné* ensemble le mémoire que vous
» m'avez fait l'honneur de m'envoyer, nous avons re-
» connu *toute la solidité des raisons & des motifs qui y*
» *sont allégués.* Nous travaillerons de concert, &c....
» *Je joins à la présente les premieres observations de M.*
» *Chioza*, j'aurai soin de vous en communiquer la suite.

Cette lettre a en effet été accompagnée des observations du Jurisconsulte associé au travail du sieur Regny. M. le Maréchal a encore eu la prudence de les conserver. Elles contiennent une dissertation fort étendue sur toutes les irrégularités du compte de Tegaldo, & dont il reconnoissoit que la principale étoit *le défaut des pieces justificatives, & l'insuffisance de l'extrait du prétendu compte du Capitaine Ghiglino.* La conclusion de ses réflexions étoit que les vices de ce compte étoient suffisans pour faire déclarer, dans quelque Tribunal que ce fût, *malè fuisse redditam rationem.*

Comment donc le sieur Lascaro a-t-il pu se permettre de dire, page 47 de son Mémoire, que les comptes présentés à M. le Maréchal de Richelieu par Tegaldo, ont dans tous les tems réuni l'approbation & le suffrage de toutes les personnes qui ont été chargées d'en faire l'examen? Que penser de ce prétendu acte de notoriété, où l'on fait dire au sieur Regny le contraire de ce qu'il a écrit ? Mais ces impostures ne doivent plus surprendre, après celles que l'on a hasardées relativement aux Loix de Gênes.

Au surplus les sieurs Regny & Chioza ne sont point les seuls qui aient improuvé le compte de Tegaldo; & l'on peut dire, avec plus de vérité, que tous ceux qui ont eu occasion de s'expliquer sur ce compte en ont attesté les vices. C'est ce qui résulte des trois pareres des Négocians de Cadix, de Livourne, & de Venise, que M. le Maréchal de Richelieu a consultés dès l'année 1763, aussi-tôt que Tegaldo lui a présenté le même compte dont on soutient aujourd'hui la validité. Tous s'accordent à dire que Tegaldo devoit donner à son Associé un compte général du désarmement, consistant en détails des frais & des recettes, *vérifié & soutenu des pieces justificatives*, & que celui qu'il présentoit ne pouvoit être regardé comme un compte réel. Toutes ces pieces, qui s'étoient adhirées dans le cours de l'instruction, & dont le sieur Lescaro se flattoit par ce moyen d'éluder les inductions, sont heureusement recouvrées & produites.

Les critiques que le sieur Lescaro s'est permis de faire de ces pieces depuis leur production, ne méritent point une réfutation sérieuse. Selon lui tous ces suffrages ne sont que le fruit d'une lâche complaisance; ils sont arrachés par un homme puissant à des ames pusillanimes, par la crainte de lui déplaire, ou le desir de le servir; le Consul, le Jurisconsulte ont trahi leur conscience; ils ont exprimé le contraire de ce qu'ils penſoient ; on a abuſé de quelques expreſſions vagues dont on détourne le ſens malignement pour tâcher de donner de la vraiſemblance à ces idées.

Mais ce ſont de vaines déclamations : il ſuffit de jetter les yeux ſur les pieces qui en ſont l'objet, pour ſe convaincre que l'avis de l'un & de l'autre ont été le fruit d'un examen approfondi. Les raiſons ſolides ſur leſquels ils ſe fondent, les détails dans leſquels le ſieur Chioza entre ſur tous les vices du compte, ſont la meilleure réfutation de ces critiques; la liberté avec laquelle il explique ſon ſentiment ſur la queſtion alors indéciſe de ſavoir ſi le paiement du billet de 35,000 livres devoit être ſubordonné à l'événement du compte, la maniere dont il motive ſon avis (qui étoit cependant défavorable à M. le Maréchal) ſur ce point : tout cela eſt inconciliable avec ces reproches de ſervilité & de baſſeſſe que l'on répete avec tant d'aigreur. Par une contradiction révoltante, on voudroit cependant ſe ſervir de ce même avis pour ſoutenir qu'aujourd'hui, malgré l'Arrêt même de 1769, le ſort du billet de 35,000 livres n'eſt point lié à celui du compte, comme ſi l'opinion d'un Juriſconſulte pouvoit prévaloir ſur l'autorité de la choſe jugée. Mais tel eſt l'aveuglement du ſieur Leſcaro; il trouve fort ſage & fort judicieuſe la partie des obſervations du ſieur Chioza qui pourroit lui être favorable ſans l'Arrêt ; mais l'Auteur de cet ouvrage n'a plus ni probité, ni honneur, ni lumieres, dès qu'il ne s'explique point en ſa faveur ſur la régularité du compte.

On ſe récrie ſur ce que M. le Maréchal a pris l'avis des Négocians de Cadix, de Veniſe, & de Livourne, tandis *qu'il n'a point pris celui des Négocians de Gênes*, qu'il étoit plus naturel de consulter, & sur le suffrage desquels la reconnoissance & l'attachement de cette République sembloient, dit-on, lui donner lieu de compter.

Mais d'abord il pourroit rétorquer l'argument avec avantage. S'il se fût adressé aux Négocians de Gênes, & que leur avis eût été semblable à ceux qu'il représente, on n'eût pas manqué de dire qu'ils ne s'étoient expliqués ainsi que dans la vue de lui complaire, & l'on auroit prétendu que leur suffrage par cette raison n'auroit été d'aucun poids. En second lieu, M. le Meréchal a cru que sur une question générale en matiere de commerce, dont la solution devoit être la même chez toutes les Nations éclairées, il étoit convenable de réunir l'avis des Négocians des principales Villes de commerce : cette conduite ne pouvoit que répandre de la lumiere sur la difficulté, elle auroit dû écarter tout soupçon de surprise, loin d'en faire naître. Au surplus l'avis des cinq Jurisconsultes Génois, que M. le Maréchal produit aujourd'hui, supplée bien suffisamment à ce qu'il lui auroit été facile de se procurer. Il résulte de tous les textes de Loix qu'ils ont cités, & de leur application à l'espece sur laquelle ils ont été consultés, la preuve la plus complette que les principes & les regles des Génois sur les redditions de compte maritimes, sont les mêmes que celles attestées par les Négocians dont on rapporte les pareres.

Le sieur Lescaro convaincu de cette vérité, & ac-

:ablé du poids des autorités que M. le Maréchal eſt ›arvenu à réunir à Gênes, fait les plus grands efforts ›our jetter des nuages ſur toutes les pieces qui les :ontiennent *. Il fait aux Auteurs de la Conſultation e même reproche qu'au ſieur Regny & au ſieur Chioza ; il les ſoupçonne d'avoir travaillé ſur des Mémoires infideles, & d'avoir déféré trop facilement ıux impreſſions qu'on leur a données ; il ſe livre à de ongues diſſertations ſur les déciſions qu'ils ont don- ıées, & ſur la forme des Receuils où ils les ont puiſées : l ſe permet même des calomnies atroces ſur la cor- eſpondance de M. le Maréchal de Richelieu avec nvoyé & le Conſul de Gênes pour ſe procurer ces ›ieces.

* Contredits de production ſignifiés le 29 Mars 1776.

M. le Maréchal de Richelieu ne s'égarera point ıvec lui dans ces diſſertations inutiles, il ſe bornera ı quelques obſervations ſimples qui répondent ſuffi- amment à toutes ces critiques.

1°. Il repréſente toutes les pieces de ſa correſpon- lance, ſoit avec M. de Sartine, ſoit avec le ſieur de 'onscolombe, ſoit avec le ſieur Regny. Elles démon- rent la fauſſeté des imputations que le ſieur Leſcaro 'eſt permis de lui faire à cet égard ; elles prouvent ue M. le Maréchal n'a employé que des voies hon- êtes & des expreſſions meſurées pour ſe procurer :s lumieres dont il avoit beſoin, & qu'il s'en faut ›ien que les réponſes qu'il a reçues ſoient conçues d'u- e maniere auſſi indécente & auſſi injurieuſe que l'on la hardieſſe de l'avancer ; que toutes démentent l'o- inion que l'on a la témérité de ſuppoſer aux Génois de l'injuſtice des prétentions de M. le Maréchal, & quelles annoncent au contraire une perſuaſion générale de l'irrégularité du compte de Tegaldo, & les vœux les plus ſinceres pour ſa proſcription.

2°. Il repréſente le Mémoire ſur lequel les Juriſconſultes Génois ont été conſultés. On y voit que l'on s'eſt contenté de préſenter les queſtions générales dont la déciſion devoit influer ſur la conteſtation, & que l'on n'eſt point entré dans le détail des faits ; ainſi le reproche d'avoir cherché à captiver les ſuffrages des Juriſconſultes par des expoſés artificieux eſt abſolument déplacé : auſſi voit-on, par la lecture de la Conſultation, qu'elle ne s'explique que ſur des points de droits généraux, ſans faire aucune application aux faits & aux Parties.

3°. M. le Maréchal de Richelieu n'ignore point qu'une Conſultation n'a pas par elle-même un caractere propre à captiver le ſuffrage des Juges ; auſſi ne la préſente-t-il pas ſous ce point de vue. Mais, ſi l'avis des Juriſconſultes n'eſt que l'expreſſion même des Loix, s'il eſt au moins parfaitement conforme à leur déciſion, il devient du plus grand poids. Il a cet avantage qu'il réunit ſous les yeux des Magiſtrats les motifs qui doivent les décider, en les mettant à portée de faire une juſte application des autorités ſur leſquelles eſt fondée leur opinion à l'affaire qu'il s'agit de décider. C'eſt auſſi le ſeul avantage que M. le Maréchal s'eſt propoſé de retirer de la production de l'Avis des cinq Juriſconſultes Génois : c'eſt le texte même des Loix de Gênes méditées, approfondies & appliquées

appliquées aux queſtions de la Cauſe, tant par le célebre *Targa*, que par les cinq Avocats de Gênes que M. le Maréchal oppoſe au ſieur Leſcaro.

4°. Le ſieur Leſcaro en impoſe continuellement, en ne ceſſant d'affirmer qu'il a ſatisfait à la principale condition que les textes des Loix & l'opinion des Juriſconſultes, d'après ces textes, préſentent comme indiſpenſable ; on veut dire *la production & la repréſentation de ſes livres* ; il eſt faux que le ſieur Chioza & le ſieur Regny en aient fait l'examen & le dépouillement. Les obſervations du ſieur Chioza ne contiennent aucune preuve de cette allégation ; elles en prouvent, au contraire, la fauſſeté ; car elles ſuppoſent qu'à cette époque, comme aujourd'hui, Tegaldo ne préſentoit, pour toute piece juſtificative, que le compte du Capitaine Ghiglino, que cet Avocat regardoit avec raiſon comme inſuffiſant. Tegaldo a conſtament refuſé la repréſentation de ſes livres, il n'en a point fait faire le relevé & la balance par les calculateurs en titre d'office qui ſont établis à Gênes à cet effet ; jamais il ne l'a offert ; il n'a donc point été poſſible de juger du rapport & de la conformité du compte de Tegaldo avec ſes livres.

5°. Le ſieur Leſcaro affecte de n'avoir point ſenti juſqu'à ce moment toute la force des inductions que M. le Maréchal tire du code des Loix de Gênes, & de l'ouvrage de Targa ſur la conſtitution maritime, ſous prétexte qu'elles n'avoient point été développées dans la Requête de productions. Mais il n'a tenu qu'à lui d'en prendre une idée plus exacte (1). Les textes des Loix & les passages de l'Auteur qui s'appliquent à la contestation étoient suffisamment indiqués dans la Consultation, dont il fait l'analyse; s'il se fût appliqué à les comparer, il en auroit reconnu, & la justesse & la conséquence, & il n'auroit pas traité aussi légérement les réflexions sages & lumineuses de ces Jurisconsultes. Au surplus, M. le Maréchal lui a épargné la peine qu'il n'a pas voulu prendre: il vient de rassembler tout ce que ces textes & cet Auteur contiennent de relatif aux questions à décider & c'est de cette réunion qu'est résultée la preuve de la conformité des Loix de Gênes à celles de France.

6°. Les soupçons que le sieur Lescaro voudroit jetter sur la fidélité de la traduction que M. le Maréchal a fait faire des Chapitres de Targa, qui sont cités dans la Consultation, sont ridicules.

M. le Maréchal a eu soin de produire l'ouvrage entier en langue Italienne; il est facile d'y verifier les citations; la traduction n'a été faite que pour la commodité de M. le Rapporteur & des Juges; elle est d'ailleurs faite par une personne qui a un caractere public, qui en garantit l'exactitude, le sieur Bertera. Ce n'est point le cas d'appliquer les textes de l'Ordonnance de 1681, qui veulent que les Interprêtes ne soient crus qu'autant qu'ils sont, ou du choix unanime des Parties, ou nommés d'office par le Juge: ce

(1) M. le Maréchal a produit au procès les Statuts civils de Gênes & l'Ouvrage de Targa.

sont-là de ces chicanes dignes du plan de défense de l'Adversaire. Il n'est point vrai que les Chapitres soient tronqués, & que l'on n'en ait extrait que des passages morcelés ; on a traduit en entier tous ceux qui pouvoient donner des lumieres & influer sur la décision.

Il est donc démontré que Tegaldo & le sieur Lescaro qui le représente, n'ont pu se dispenser de justifier le compte dont il s'agit, par l'exhibition des différentes pieces indiquées soit par l'Ordonnance de 1681, soit par les Loix & Usages de Gênes, par celle des pieces originales qu'il a reconnu avoir entre ses mains avant l'Arrêt de 1769, *& qu'il ne vouloit point*, disoit-il, *exposer au péril de la mer.*

Il falloit qu'il représentât, 1°. le compte original en quatre feuilles du Capitaine Ghiglino, dont on prétend que la feuille produite est extraite. 2°. *Les pieces justificatives* de ce compte qu'il a dû se faire remettre. 3°. *Ses propres registres*, où l'on doit trouver le détail de toutes les opérations relatives à l'expédition des Canaries, & notamment les factures & connoissemens des marchandises qui ont été chargées à Marseille; il devoit au moins, s'il prétendoit ne pouvoir se dessaisir de ses livres, faire procéder à leur examen, & à la vérification de son compte sur ses livres, par les Calculateurs en titre d'office établis à Gênes pour ces sortes d'opérations(1). La seule crainte de démasquer ses fraudes l'a empêché de produire ces

(1) Chapitre 11 du livre premier des Statuts de la République de Gênes.

pieces, & de faire procéder à ces examens & relevés indispensables pour l'éclaircissement du compte.

EXAMEN des deux derniers articles de la Recette.

Le second article de recette suppose que le plus vieux des deux chebecs a été vendu moyennant une modique somme de 2500 livres, & que le produit net des trois quarts de la propriété appartenante à M. le Maréchal de Richelieu est de 1875 livres seulement, *ainsi qu'il appert*, est-il dit, *par la déclaration du Capitaine Jean Campiano.*

On trouve en effet à la suite du compte une déclaration faite par le Capitaine Campiano, sous la religion du serment, devant le Notaire Passano, le 19 Janvier 1761, portant *qu'il a acheté le chebec moyennant cette somme, pour le défaire, attendu qu'il étoit innavigable.*

C'est la seule piece représentée à l'appui de cet article. Si l'on en croit ce même Campiano, il a été chargé par Tegaldo des frais que ces bâtimens ont exigés pendant leur séjour dans le port; ils y sont restés sept ans, & il en a coûté 9940 livres, & 655 l. de frais de carenne; & d'après son seul témoignage, Tegaldo a porté dans la dépense de son compte, 7455 livres, d'une part, & 491 livres d'une autre, pour les trois quarts de ses frais à la charge de M. de Richelieu.

Le dernier article de la recette suppose que le second chebec a éte vendu 16000 livres à un sieur Barthelemy de Bensa de Marseille, & l'on veut bien porter une ſomme de 14800 livres pour la portion revenante à M. le Maréchal de Richelieu.

L'article porte que cette vente eſt juſtifiée par les certificats de Jean-Baptiſte Moroni & de Joſep Campiano fils de Jean, leſquels ont en effet atteſté le 12 Novembre 1766, devant le Notaire Paſſanno, auſſi avec ſerment, le fait tel qu'il eſt porté dans le compte, ainſi que l'exactitude de ce compte, dont ils annoncent qu'ils ſont les rédacteurs.

Mais 1°. à qui Tegaldo s'étoit-il donc flatté de faire accroire qu'il a eu l'imbécillité ou l'infidélité de garder pendant *ſept années* les deux chebecs oiſifs dans les ports de Gênes? Qu'il a dépenſé environ 10000 livres, pendant dix ans, pour l'entretien de ces bâtimens devenus inutiles, ſelon lui, & dont l'un n'étoit plus propre à la navigation, & qu'au bout de ce tems, il a vendu les deux bâtimens pour environ 18000 livres?

Tegaldo avoit-il donc oublié que M. le Maréchal de Richelieu étoit propriétaire pour *trois des quatre parties* de ces bâtimens, & conſéquemment qu'il ne lui étoit point permis d'en diſpoſer en aucune façon ſans la participation de M. le Maréchal, dont il devoit prendre les ordres, après la fin de l'expédition à laquelle ils étoient deſtinés, pour en faire l'uſage qu'il lui preſcriroit?

Si les bâtimens n'étoient plus propres à la navigation, il devoit en inſtruire M. le Maréchal; il eût envoyé les pouvoirs pour les vendre, ſoit entiers, ſoit après les avoir dépecés.

Les Loix de Gênes, comme celles de France, ne permettent point à un Associé & à un Co propriétaire de Navire de vendre seul, & de sa propre autorité, le navire qui appartient à d'autres ; elles ne permettent que d'en provoquer la vente en Justice à l'encan ; & pour pouvoir le faire, sans le consentement des autres intéressés, elles exigent que ceux qui la provoquent, aient entr'eux plus de la moitié de la propriété. Ces regles sont attestées par l'Auteur Génois déja cité, chapitre 89, & par les Jurisconsultes de la même Nation.

Le sieur Lescaro, qui sent bien toute l'injustice de son systême, soutient que Tegaldo a donné avis de l'état de ces bâtimens, & qu'il n'a point reçu de réponse ; mais c'est une imposture qui devoit nécessairement entrer dans le plan de sa défense. M. le Maréchal n'a jamais été mis en demeure de s'expliquer par aucun acte juridique, ni par aucun acte quelconque ; au contraire, il n'a cessé de demander le compte depuis le retour des chebecs ; & Tegaldo n'a cessé de feindre & déguiser toute sa conduite.

2°. Les prétendues dépenses, ainsi que les ventes ne sont justifiées par aucune piece digne de foi : la seule maniere de le faire eût été de rapporter des quittances des Calfateurs & de tous ceux qui ont été employés, soit comme Ouvriers, aux réparations qui peuvent avoir été faites aux bâtimens, soit à la garde de ces mêmes vaisseaux, pour chacun desquels on n'a point honte de porter dans la dépense 40 sols par jour.

Les Déclarations du Capitaine *Campiano*, de son

fils & du complaisant *Moroni*, sont des pieces fabriquées pour consommer la fraude dont on veut rendre victime M. le Maréchal de Richelieu. Il n'est point étonnant que ces particuliers, dévoués à Tegaldo, qui s'avouent les rédacteurs du compte, & qui en ont attesté la vérité avec tant de confiance, aient cru devoir aussi être les rédacteurs des pieces justificatives, ou plutôt y suppléer par leur propre déclaration.

Le Capitaine Campiano avoit été nommé, par Tegaldo, Administrateur des chebecs ; il est d'ailleurs indiqué comme acheteur de l'un des deux ; ainsi son témoignage, comme l'a observé le sieur Chioza, tend à sa propre défense.

Le sieur Moroni est neveu de Tegaldo ; il étoit son substitut, non-seulement dans l'emploi de la mer, mais même dans la direction de ses propres affaires ; c'est ce qui est encore attesté par le sieur Chioza; son témoignage n'est donc pas moins suspect.

Au surplus, ces déclarations n'ont point acquis plus de force, parce qu'elles sont reçues par un Notaire. Cet Officier, plus ou moins suspect de s'être prêté à leurs vues, n'est nullement garant des faits qui lui sont attestés ; à Gênes, comme en France, les dépositions mendiées, qui ne sont point faites en vertu d'un Jugement devant un Officier préposé pour les recevoir, soit par voies d'Enquête ou d'information, ne méritent aucune foi en Justice; les chapitres 15 & 20 des Statuts de cette République en contiennent des dispositions formelles.

Ainsi, plus on approfondit cette premiere partie

du compte, plus on demeure convaincu que c'est un ouvrage de fraude, absolument insuffisant pour remplir l'engagement que Tegaldo a contracté *de rendre un compte fidele.*

EXAMEN de la Dépense.

Le chapitre de la dépense ou de *doit*, est composé de six articles, dont deux, portés pour les frais de garde & de carenne, ont été déja suffisamment discutés.

Les trois autres sont composés du montant du billet de 35,000 livres, faisant 43, 166 livres monnoie de Gênes: & des intérêts de cette somme que l'on prétend faire courir depuis le mois de Décembre 1748, jusqu'au jour du compte rédigé au mois d'Août 1766; ce qui formeroit seul un objet de plus de 32,000 livres monnoie de Gênes.

Quant aux 35,000 liv. il est juste que M. le Maréchal de Richelieu en tienne compte aux Représentans de Tegaldo; il n'a jamais méconnu son obligation, ni refusé de l'acquitter. Mais, comme elle étoit subordonnée à l'événement du compte dû par Tegaldo, il n'étoit point juste que, pouvant se trouver son créancier, il commençât par payer cette somme, & qu'il courût ensuite les risques de perdre la créance qu'il pouvoit avoir à répéter contre lui. Tegaldo, en portant ces 35,000 tant dans le compte qu'il avoit présenté en 1761, que dans celui-ci, a reconnu lui-même que le billet de 35,000 livres

dépendoit

dépendoit du compte. C'eſt d'ailleurs choſe jugée irrévocablement ; il n'y a donc point de difficulté à cet égard. Si Tegaldo préſentoit un compte régulier & admiſſible, M. le Maréchal acquitteroit ſon billet, s'il étoit jugé débiteur par l'événement du compte.

Quant aux intérêts de cette ſomme, la répétition en eſt, à tous égards, déplacée.

1°. Les intérêts ne peuvent être dus que d'une ſomme exigible, parce qu'ils ſont (ſuivant le langage même du ſieur Leſcaro) la peine du retard. M. le Maréchal n'eſt point en retard d'acquitter les 35,000 livres : il a toujours été très-incertain qu'il les dût, & même très-vraiſemblable qu'il ne les devoit pas. Cela dépendoit de l'événement du compte. L'Arrêt du premier Août 1769 l'a décidé ; le compte préſenté étant nul & inadmiſſible, la ſucceſſion Tegaldo eſt néceſſairement réputée débitrice.

2°. Quand les 35,000 livres ſeroient exigibles, les intérêts n'en pourroient être prétendus que du jour de la demande formée en Juſtice. En effet, M. le Maréchal de Richelieu eſt domicilié en France ; c'eſt dans les Tribunaux de la France que la demande en paiement des 35,000 livres a été formée. C'eſt donc par les principes de notre Juriſprudence que la queſtion devroit ſe décider, & non par les Uſages de Gênes. Il eſt vrai que le billet a été ſouſcrit à Gênes ; mais c'eſt un François qui l'a ſouſcrit ; le lieu ou le billet a été ſouſcrit eſt indifférent, c'eſt la Loi du domicile de M. le Maréchal que l'on doit conſulter.

3°. La prétention de Tegaldo & de ſon Repréſentant eſt d'autant plus révoltante qu'ils n'ont point porté dans la recette les intérêts des ſommes, qu'ils ſuppoſent être provenues de la vente des deux chebecs. Cependant, dans leur ſyſtême, la Loi devroit au moins être égale, de part & d'autre. Si l'on ſuppoſe que M. le Maréchal de Richelieu devoit des intérêts pour les 35,000 livres montant de ſon billet; d'un autre côté, il lui ſeroit dû, par la même raiſon, des intérêts des ſommes que les ventes ont dû produire. M. le Maréchal, ſollicitant inutilement, depuis plus de 25 ans, la reddition du compte de Tegaldo, certainement on ne peut diſconvenir qu'il y a beaucoup de retard de la part de ce comptable, & les intérêts, ſuivant ſes propres principes, en doivent être la peine.

Ainſi, il eſt démontré que les différens articles du compte, ſoit en recette, ſoit en dépenſe, ſont abſolument vicieux, tant parce qu'ils ne ſont ſoutenus d'aucune piece juſtificative, que parce que la fraude & la mauvaiſe foi y éclatent de toute part.

Le compte doit être abſolument rejetté.

La conſéquence de cette premiere déciſion ſera néceſſairement de décharger définitivement M. le Maréchal de Richelieu du paiement du billet négocié au ſieur Franchy, & de condamner les héritiers à le lui remettre.

Mais il eſt dû en outre à M. de Richelieu des dommages & intérêts réſultans du refus que lui a fait Tegaldo de lui rendre un compte juſtifié.

Les Usages de Gênes autoriseroient M. de Richelieu à demander cent pour cent, à titre de bénéfice de la société, à défaut de compte.

Mais, au surplus, il s'en rapporte à la prudence de la Cour, sur l'appréciation des dommages & intérêts qui lui sont dus.

Signé, LE MARÉCHAL DUC DE RICHELIEU.

Monsieur L'ABBE' POMMIER, *Raporteur*.

Me TRONCHET, Avocat.

BOURGEOIS, Procureur.

CONSULTATION

DE CINQ AVOCATS GÉNOIS.

J. M. J.

EXPOSITURUS meum sensum pro veritate sic requisitus, super nonnullis dubiis in exterâ Curiâ exortis, quæ tam est facillimè coram Judicibus civitatis Genuæ, tanquam plana, & sine controversiâ evaderent, libenter opus assumo pro eorumdem dilucidatione.

Primò.

Quæritur an Socius in aliquâ societate, seu particeps in particulari negociatione, jus habeat petendi veram, bonam & legalem rationem, ab altero Socio ſive participe, qui fuit Adminiſtrator.

Secundò.

Quomodò talis ratio reddi ſoleat in Januenſi Foro, ad hoc ut verificetur fuiſſe redditam veram, bonam & legalem rationem.

Tertiò.

Quod onus incumbat Navareo vel Adminiſtratori alicujus navigii, pro reddendâ ratione de lucris, ſive damnis ab ipſâ navigatione elicitis, vel ſecutis, tam de itu, quàm de reditu, ſeu in mercibus in eodem navigio oneratis.

Quartò.

Quid ſervandum in venditione prædicti vaſis navigabilis, caſu quo intermiſſâ navigatione, navigium vendere aliquis particeps exiſtimaret.

Quoad primum.

Pro reſolutione hujus dubii, patet ſatis clara diſpoſitio Statuti Jan. *tit. de Societat. ſeu ration. mercat. cap.* 12, §. *Quilibet*, *lib.* 4, ubi diſponitur = ibi = quilibet Præpoſitus, « Inſtitor & Adminiſtrator » cujuſvis ſocietatis, ſeu negociationis in quâvis » mundi parte, & quicumque alii, qui aliena negotia » adminiſtrarent, teneantur reſtringere, & recupe» rare omnes libros, ſcartafania & alias ſcripturas » ſpectantes quovis modo dictæ ſocietati, ſive nego-

» ciationi aut adminiſtrationi, & eos deponere in Judicio, ad ſimplicem requiſitionem cujuſvis ex Sociis ſeu participibus, & pariter reddere bonam, veram & legalem rationem pro tempore ſuæ adminiſtrationis, aliòquin poſſit contra eos procedi pro crimine barattariæ, ſeu de his qui de ære alieno aliter diſponunt, quàm Dominus ſtatuit ». =

Imò in ſucceſſivo §. Statutum prædictum jubet: « Quòd, ſi eam non reddiderint, *poſſit particeps ſive » Socius, rationem petens, jurare pro lucris, uſque » in centum pro centenario, & ejus juramento ſtari » debeat, & in tantum condemnari pro lucris rationem » reddere obligatus*, & cum facultate dandi pro» bationes in Judicio pro majori lucro, *& non ſolùm » finitâ ſocietate, ſed etiam eâ durante, ad ſimplicem » requiſitionem cujuſlibet Sociorum ſeu participum, » nullâ admiſſâ morâ, tenetur Adminiſtrator oſtendere, » & plenè ac liberè copiam facere de omnibus libris dictæ » ſocietatis, ſive rationis* ».

Statutariæ diſpoſitioni ſatis conſonat Lex communis. Nam adminiſtrantes, & gerentes negotia alterius tenentur reddere rationem pro tempore ſuæ adminiſtrationis : *l. Si quis abſenti* 2, §. *Et ſanè* ff. *de negot. geſt. l. Qui proprio* 46, §. *Procurator* ff. *de procurat.* §. *Sicut autem inſtit. de obligat. quæ ex contractu naſcuntur.* Alioquin ſi rationem non reddiderint, perindè puniri poſſunt, ac ſi falſum commiſiſſent, ad *text. in leg. primâ ff. ad l. Cornel. de falſis, &* in rebus adminiſtrationis non plenariè reſtitutis, ſed retentis, eo quia nunquam dicitur reddita ratio, niſi cum reliquatu ſolutione prædones dicuntur, per alterum *textum* in *l. Pomponius* 13, §. *ex facto* ff. *de acquirend. vel amit. tend. poſſeſ.* immò poteſt, & cum Socio aut Adminiſtratore furti agi, ſi pro fallaciâ, dolove malo amovit, vel rem communem celandi animo contrectavit: *l. rei communis* 45, *cum l. ſeq. ff.* pro *Socio*: *l. Si Socius* 46 *ff. de furtis*; & contra Adminiſtratorem non reddentem veram & legalem rationem, quod juretur in litem facit: *l.prima* & *l. is qui rationem.ſecunda cod.de in lit. jurand.* nec deeſt illud Domini in Evangelio, redde rationem villicationis tuæ, relatum à *Palmâ, deciſ.* 99, *n.* 8; & à *Caponio*, *diſcept.* 396, *n.* 5, *tom.* 5, in puncto facit *Anſaldus de commerc. diſcorſ.* 52, *n.* 24 & 25, à cujus obligatione neque relevantur hæredes Adminiſtratoris *Rota Roman. cor. Caprara deciſ.* 748, *n.* 1; & *in recent. deciſ.* 69, *n.* 1 & 2, *part.* 11, *cor. Ottobono deciſ.* 200, *n.* 30 & 31: *Felicio*, de Societat. cap. 37, n. 2; & Adminiſtrator non ſolùm tenetur de adminiſtratis per ſe ipſum, verùm etiam de iis omnibus quæ adminiſtrare feciſſet per alios felic. ubi ſuprà. *Anſald. de commerc. diſcorſ.* 29, *Rot. cor. Bichio deciſ.* 243, *n.* 20, *confirmata apud Cerrum, deciſ.* 241, *n.* 41; & præ cæteris hoc eſſe pacificum apud omnes, ſive Adminiſtrator ſit alicujus negotii, ſive alicujus vaſis navigabilis, vel cujuſcumque alterius intereſſe, teſtatur noſter Praticus Targa, & Juriſconſultus Januenſis adeò peritus in rebus maritimis, in ſuis ponderationibus factis *ſoprà la contrattazione marittima*, *cap.* 94, *tit. del rendimento dè conti.* Quæ omnia eòque fortiùs procederent, ſi Adminiſtrator non ex tacito, ſed ab expreſſo mandato in ſe aſſumpſiſſet onus reddendi veram, bonam & legalem rationem favore intereſſe habentium; nam teneretur hanc reddere ex ipſâmet ſuî obligatione, ſive contractu; & ſi contractus Genuæ ſtipulatus fuiſſet pro ipſo facto redditionis rationis, etiam executivè conveniri poſſet, vigore Statuti de *Cauſis executivis*, *cap.* 3, *lib.* 2, *uti eum Parladoro concludit Palm. allegat.* 18, *n.* 9, *& in allegat.* 193, *n.* 29.

Quoad ſecundum.

Inter eſſentialia conſtitutiva redditionis rationis primùm, ac indiſpenſabiliter, *libri adminiſtrationis exhibendi ſunt*, adhoc ut diſpunctis partitis in eis contentis appareat quis ſit debitor vel creditor, nec non cui reddenda eſt ratio, vel calculator eligendus, ſingulas partitas ponderare valeat *ex leg. Cùm ſervus* 81, *circà medium ff. de condit. & demonſt.* « = Ibi = id » eſt legendas offerre rationes primùm; deinde com» putandas ut explorari poſſit probè, vel improbè » referantur accepta, rectè relata, non rectè » = Quod adeò verum eſt, ut libris originaliter non exhibitis, ratio ſemper dicitur imperfectè reddita, ut, poſt innumeros, nos edocet Juriſconſultus noſter *Caſareggius*, *de commerc. diſcorſ.* 102, *n.* 37, *& eſt* peculiare in redditione rationis jam datâ, poſſe reiterari prodignoſcendo an aliquis error interceſſerit. *Caſaregg. ubi ſuprà*, *n.* 82, *facit Targa eodem cap.* 94, §. *in terro luogo*, neque ſufficeret productio alicujus bilancii, ſive extracti ex eodem libro, ut dicunt *Felicius*, de *Socie-*

tate, *cap*. 38, *n*. 11; *Escobar*, de *ratiocin*. *cap*. 10, *n*. 70: maximè si bilancium non fuisset extractum à perito ad id legitimè deputato, ut declarat noster *Torre* de *Cambis*, *disput*. 2, *quæst*. 18, *n*. 1, cui adhæret citatus *Casareggius*, *n*. 45 & 46. Sed quidquid sit de bilancio attentâ statutariâ dispositione, ex quâ Administrator coarctatur conficere, & retinere libros, illosque exhibere, & producere in Judicio, futile esset supplere oneri peræquipollens, quia nostri Statuti verba ad litteram intelligenda sunt, neque ei dare possumus aliquem extrinsecum intellectum, nec ex identitate, nec majoritate rationis, sed accipi & intelligi, prout littera jacet, *cap*. 16 de *extrins*. *intellect*. *prohibit*. *lib*. 1.

Nec sola materialis productio librorum sufficeret, nisi sint legaliter facti, & omni suspicione carerent, præsertim cum adnotatione introitûs & exitûs, & substantialiter de omni eo quod attinet directè vel indirectè adinteresse, super quo quis fuisset præpositus, indicando annos, dies & locos cujusvis negotiationis, explicando emptores & venditores, & exhibendo documenta ad id relativa, & demùm omnia distinctim & sigillatim patefaciendo, ita ut veritas facti semper erui possit, & ab extrinseco comprobetur. *Targa ubi suprà*, *Massain observat. ad decis. Genuæ penès chartar. observat*. 50, *n*. 40 & *seq*. ubi quod neque sufficit ostendere quittationes factas à prætensis creditoribus, nisi etiam justificetur eorum creditum, *Deluc. ad Gratian. cap*. 171, *n*. 9, & quatenùs liber sit relativè ad solutiones, quittationes vel ordines habitos,

habitos, talis quittantia vel ordo exhibendus eſt, aliter partitæ non probant, & demùm omnia & quæcumque documenta relata, ut ponderant *Anſald. de Commere, in ejus diſcurſo generali, n.* 151 & 152; *Maſſa, ad eumdem chartar. obſervat.* 127, *n* 40, *& facit in obſervat.* 123, *n.* 13 *&* 14, ubi dicit, nulliter reddita ratio, ſi redditio ſecuta foret in folle, ac ſuper partitis confuſis ac inordinatis, repetendo quod eſſentialia redditionis rationis ſunt peritos adhibere, partitas diſcutere ſuper libris & juſtificationibus earumdem, illaſque calculare, & reliquatum ſolvere, ſemper tamen animadvertendo quod minor fides adhibetur libris alicujus Adminiſtratoris jam decocti, quàm alteri perſonæ probatæ fidei, ut notat *Stracha, de decoct. part.* 3, *n.* 24, *quem ſequitur Eminentiſſimus de Luc in ſuo diſcurſo de debit. & credit. diſcurſ.* 78, *n.* 16, eâ adductâ ratione, quòd iſti qui à publicâ fide deficiunt, libros alterare vel adulterare ſolent, omniaque mala facere, alter *de Luc. ad Gratian. ubi ſuprà*, §. *detecta.*

Quoad tertium.

In hâc materiâ providæ fuerunt Leges, & Conſulatus Maris pro habendâ legali redditione rationis, & pro dignoſcendâ veritate facti. Sciendum igitur eſt quòd de quantitate mercium oneratarum debet apparere ex libro retento per Officialem navis ad id deputatum *denominato manifeſto*, in quo diligenter adnotantur omnes merces in navi poſitæ, necnon earum exonus in quâvis mundi parte, tam de itu, quàm de reditu, quâ de re facillimè apparet earum quan-

I

titas & qualitas. Ulterius retinet alium librum *denominato cartulario*, ubi diligenter benè dignoſcuntur debitum & creditum, introitus & exitus, utilia & damna navis, juxtà methodum bonæ legalis ſcripturæ, & exindè terminato quocumque itinere, & exactis naulis, omnia computa ſolidantur mediante bilancio pro repartiendis utilibus ad ratam favore participum, & quoad merces dantur etiam appodixiæ oneratoriæ mercatoribus, quæ indicantur in dicto libro *denominato manifeſto*. Ultrà prædictos adeſt alius liber *denominato giornale*, & ibi adnotatur de die in diem totum, & quidquid ſubſtantialiter reſpicit adminiſtrationem, ſeu regimen negotii ipſius navis, omnia exindè aſportando *al libro maeſtro, oſſia al cartulario maggiore*; iidemque libri tanquam publici actus conſiderantur, nunquam poſſunt occultari, imò deponi ad omne mandatum Judicis, ad inſtantiam cujuſvis intereſſe habentis, prout ſic eſſe, & obſervari ex diſpoſitione Conſulatûs teſtatur citatus Praticus noſter Targa in ſuis ponderationibus maritimis, *cap.* 24, *per tot.* quare ex eorumdem productione, & inſpectione dignoſcuntur omnes onerationes, & ex eodem reſultant utilia vel damna, & æquè benè exoritur vera redditionis ratio; &, ſi merces venditæ fuêre in aliâ regione, debet hoc apparere de neceſſè, quia exoneratæ, & de earum retractu producenda ſunt computæ, aliaque documenta animum Judicis moventia ad ſic credendum; imò ſi in totum, vel in parte remanſiſſent in aliquo loco invendita, ſeu relicta à fido, æquè benè hoc probandum, eum aliquo incavilabili documento, ut dicit idem Targa in hâc materiâ nunquam ſatis laudatus; quâ de re particeps non tenetur aliam recipere redditionem rationis, niſi productis, & perpenſis dictis libris, omnibuſque aliis documentis, ut ſuprà relatis.

Quoad ultimum.

Nemo ex intereſſatis & participibus in navigio poteſt autoritate propriâ illud vendere; &, in caſu venditionis, debet vendi *mediante publicâ ſubhaſtâ, de mandato Magiſtratûs, unicè ad inſtantiam illius, ſeu illorum qui participant ultrà medietatem*, cum jure prælationis favore illius, ſeu illorum qui in minori caratturâ participarent, neque diverſimodè obſervatur, prout indicat dictus Targa, *cap.* 89, *tit. del modo di ponerſi la nave à partito*, quod etiam autoritate legali comprobat, niſi conſtet de aliquo diverſo pacto inter participes, ſeu non accedat illorum conſenſus pro venditione extrà callegam faciendâ, & per conſequens ex actu publico, & judiciario eruitur prœtium retractuum.

Omnia tamen ſaniori judicio ſubmitto, ſed ita pro veritate cenſui.

MARCUS ANTONIUS BONO, S. C. & in Jan. Curiâ Advocatus.

Viſo ſenſu pro rei veritate reddito à M. Conſulenti, & quia illum inveni innixum claræ Legum diſpoſitioni, & quod diverſi modi in noſtrâ Curiâ non deciditur, libenter in ejusdem sensum concurro.

ALEXANDER DE JULIANIS S. C. & in Genuensi Curiâ Advocatus.

In sensum doctissimi Consulentis utpotè juris & æquitati undequaque conformem libenter concurro in sensu veritatis.

FRANCISCUS MASSONUS S. C. & in Januensi Curiâ Advocatus.

Concurro pro veritate in sensu M. Consulentis eò quia in nostro Foro sic judicatur.

JOANNES-BAPTISTA MULTADUS J. C. C^{us}, & in Januensi Curiâ Advocatus.

Concurro & ego in sensum M. doctissimi Consulentis.

JOANNES-BAPTISTA TURVUS S. S. C. & in Januensi Curiâ Advocatus.

Nous, JOSEPH-ROCH BOYER DE FONSCOLOMBE, Conseiller d'Etat, Commandeur & Grand'Croix de l'Ordre de Saint Michel de Baviere, Gouverneur de la ville d'Hyeres, en Provence, ci-devant Ministre Plénipotentiaire du Roi près feu Son Altesse Sérénissime le Cardinal-Duc de Baviere, Evêque & Prince de Liege; actuellement Envoyé Extraordinaire & Ministre Plénipotentiaire de Sa Majesté près la Sérénissime République de Gênes :

Certifions que le sieur Marc-Antoine Bono, qui a dressé & signé la Consultation ci-dessus, est Jurisconsulte & Avocat au Barreau de Gênes; que les sieurs de Julianis, Masson, Multado & Tuvo, qui ont signé ladite Consultation, après l'avoir examinée & avoir déclaré, par écrit, d'être, à cet egard, du même sentiment que ledit sieur Bono, sont tous les quatre Jurisconsultes & Avocats de ce même Barreau de Gênes; en témoin de quoi nous avons donné le présent certificat que nous avons signé, fait contre-signer par l'un de nos Secrétaires, & munir du cachet de nos Armes, pour valoir & servir ce que de raison.

Donné en notre Hôtêl à Gênes, le 25 Décembre 1775.

Signé, BOYER DE FONSCOLOMBE.

De l'Imprimerie de L. CELLOT, 1776.

www.ingramcontent.com/pod-product-compliance
Lightning Source LLC
LaVergne TN
LVHW020044170826
845678LV00001B/431

* 9 7 8 2 3 2 9 6 8 3 8 4 3 *